RESULTADO.

ALEXANDRE PRATES

A LIDERANÇA ALÉM DOS NÚMEROS

INTEGRARE business

Copyright @ 2015 Alexandre Prates
Copyright @ 2015 Integrare Editora e Livraria Ltda.

Publisher
Luciana M. Tiba

Editor
André Luiz M. Tiba

Coordenação e produção editorial
ERJ Composição Editorial

Projeto gráfico e diagramação
ERJ Composição Editorial

Capa
Qpix – estúdio de criação – Renato Sievers

Preparação de texto
Maria Alice da Costa

Dados Internacionais de Catalogação na Publicação (CIP)
(Câmara Brasileira do Livro, SP, Brasil)

```
Prates, Alexandre
    Resultado : a liderança além dos números / Alexandre
Prates. -- São Paulo : Integrare Editora, 2015.

    Bibliografia.
    ISBN 978-85-8211-066-9

    1. Coaching 2. Empreendedorismo 3. Habilidade
executiva 4. Liderança 5. Sucesso em negócios
I. Título.


15-01585                                         CDD-658.421
```

Índices para catálogo sistemático:
1. Empreededorismo : Administração de empresas 658.421

Todos os direitos reservados à INTEGRARE EDITORA E LIVRARIA LTDA.
Av. Nove de Julho, 5.519, conj. 22
CEP 01407-200 – São Paulo – SP – Brasil
Tel. (55) (11) 3562-8590
Visite nosso site: www.integrareeditora.com.br

AGRA DECI MEN TOS.

Este livro só pôde ser concebido porque, nestes últimos anos, desde a fundação do Instituto de Coaching Aplicado – ICA, tive a oportunidade de conviver com lideranças extraordinárias que me confiaram a maior de todas as honras que um profissional pode conquistar: a permissão de desenvolvê-los.

Muito obrigado pela confiança!

DEDICATÓRIA.

Dedico a meus clientes, parceiros e amigos de todas as horas.

Em especial à INSPERIÊNCIA, na figura do meu amigo Fabrício Ramos e de sua equipe, Amanda Takassiki, Paola Guaraná e Érika Geraldi, que tão bem me representam e cuidam da minha carreira. Obrigado mesmo, de coração!

Estendo o meu agradecimento a todos os palestrantes da INSPERIÊNCIA que trilham comigo esta viagem. Conviver com pessoas melhores do que nós é uma dádiva e vocês me proporcionam isso!

Aos parceiros e amigos da Publi Brand, Guilherme ALF, Fernanda Ortiz, Eduardo Bitencourt e todo o time, pelo brilhantismo, a entrega e o comprometimento com o meu trabalho. Obrigado pela força de sempre!

Dedico também, com muito carinho, aos amigos Cézio Júnior e Cláudia Kakazu por confiarem em meu trabalho e me apoiarem nesta viagem. É sempre um privilégio estar com vocês!

Dedicatória

E à família 100RSDN o meu muito obrigado por me permitir trilhar com vocês esse caminho de sucesso – da construção de uma marca até a sua projeção no mercado de franquias.

E dedico de maneira mais do que especial à minha família que, com seu apoio, torcida e orações, me mantém firme.

Dedicatória especial

Nada seria possível sem você ao meu lado. Tudo é possível com você ao meu lado. Obrigado por acreditar, confiar, apoiar, fazer parte. Obrigado por estar ao meu lado.

Te amo, Silvia Khichfy!

SUMÁRIO.

Prefácio 13
Introdução 23
1 Ser líder é uma questão de decisão! 29
    Habilidades podem e devem ser desenvolvidas. .30
    Habilidades podem ser desperdiçadas 30
    Liderança não tem contraindicação 30
    A construção de um líder 31
2 A essência da liderança 33
    Junior Cigano e os desafios 34
    André Akkari e a confirmação 36
    Denilson e as consequências do sucesso 37
    Precisamos de líderes que
    defendam um propósito 40
    Precisamos de líderes que
    vivam valores firmes 41
3 O que esperar dos novos líderes? 44
    A geração perdida 45

Sumário

    A geração influenciada 47

    A geração que pode transformar
as empresas (e o Brasil)! 49

    Portanto, qual é a solução? 49

4 A era da reputação 52

5 Qual é o seu "algo a mais"? 56

    Então, o que está acontecendo? 57

    Existe solução? 57

    E o que é esse "algo a mais"? 57

6 Pilar do autoconhecimento 61

    Coaching aplicado para
o seu desenvolvimento 62

    O que é coaching? 65

    Compreendendo os termos 66

    Áreas de atuação do coaching 67

    Como funciona? 68

    O que desenvolvemos no processo 69

    Onde mais um coach pode atuar 69

    Perguntas frequentes .75

    Estrutura detalhada do
processo de coaching .94

    Coaching horizontal – conhecendo
os elementos 97

    Coaching vertical – compreendendo os elementos
que podem sabotar a conquista dos objetivos . . . 121

7 O pilar da autogestão 144

8 Pilar da execução 146

    Liderança estratégica 146

    Resolução de problemas 149

Tomada de decisão assertiva.............151
Gestão produtiva do tempo..............155
9 O resultado na sua gestão...............160
As sete decisões do líder para impulsionar talentos, negócios e carreiras.............160
Uma nova visão de liderança.............161
Caso – Atlas Eletrodomésticos – Leader coach aplicado..................162
10 Leadership coaching...................167
O líder e o coaching – quebrando os mitos...168
Quais resultados um líder com habilidades de coaching pode gerar para as organizações?....171
11 Engajar as pessoas para resultados.........175
Quando um líder sabe que conquistou o engajamento do seu time?...............176
Desenvolver comportamentos – discutir estratégias – cobrar resultados......176
Então, a grande pergunta é: Como engajar as pessoas?...............177
Estratégias para engajar as pessoas........180
12 Eliminar sabotadores de desempenho.......189
Conhecer, identificar e eliminar os sabotadores de desempenho............191
Liderança ineficaz.....................193
Autossabotagem......................194
Ambiente...........................194
Falta de entendimento da função..........195
Falta de perspectiva profissional..........196
Estar no lugar errado..................196
Falta de reconhecimento................197

Sumário

Motivação para sair da zona de conforto
sem derrapar na autossabotagem 199
Acertando os ponteiros da liderança 200
Não cometa erros primários! 209
13 Criar ambientes saudáveis 213
Busca pela plenitude – o investimento
das organizações do futuro 213
14 Impulsionar o desempenho das pessoas 221
Qual é a diferença? 223
E quando o feedback não dá resultado? 224
Algumas dicas para acertar no feedback 228
15 Criar uma equipe estratégica 234
Invista na evolução da sua gestão 236
16 Promova o altruísmo 243
17 Visão de resultados 247
Resultados desejados pela empresa *versus*
contribuição do colaborador nesse resultado . . . 249
O impacto do líder nos resultados 250
18 Última lição para os líderes 253
Bibliografia 255

PREFÁCIO.

Olá, sou Falcão, eleito oito vezes o melhor jogador de futsal do mundo e considerado um ícone do esporte no segmento. Tenho um índice de aproximadamente 90% de vitórias nas finais da liga de futsal, 70 títulos por clubes, 44 títulos pela Seleção Brasileira (de 48 disputados), alcançando a marca de maior goleador com 358 gols, além de ter marcado mais de 3 mil gols na carreira. Atualmente, 60% da mídia mundial de futsal é sobre o Falcão. Enfim, sou o número 1.

Para alguns, ou muitos, meu relato pode parecer demagogia, arrogância, vaidade..., prefiro chamar de orgulho de ser um vencedor, de ser líder na profissão que escolhi seguir na minha vida. Tenho um profundo sentimento de dever cumprido, pois, para conquistar a liderança, precisei assumir a liderança. Você jamais será o número 1 sendo apenas talentoso, é preciso ser líder. Eu fiz a minha parte e acredito que você, ao ler este livro, deva ter esta mesma meta: assumir a liderança da sua carreira. Ser o número 1 é consequência, não está em suas mãos. Já assumir a liderança, isso, sim, depende de você.

Prefácio

Quando o Alexandre me convidou para escrever este prefácio, aceitei, pois sei da sua luta no desenvolvimento de pessoas e na formação de lideranças. Eu compartilho da sua visão de que vivemos uma escassez de líderes e precisamos de profissionais que assumam a responsabilidade de liderar e inspirar pessoas a colocarem o seu melhor em jogo.

O que mais me encanta nesta obra é a provocação para ir além das barreiras impostas por nós mesmos. Alexandre teve a preocupação de instigar e ao mesmo tempo conduzir as pessoas para a tão sonhada liderança.

O talento faz a diferença!

Em 1991, em Guapira/SP, iniciei minha carreira no futsal. Comecei tarde, aos 13 anos. Jamais imaginava que me tornaria o melhor jogador de futsal de todos os tempos. Apesar do início tardio, eu apresentava um futebol acima do média e me destaquei rapidamente dos outros meninos. O talento fez diferença!

Apenas um ano depois, eu já estava no Corinthians, e no segundo ano do juvenil já fazia parte do profissional, com 17 anos. O talento fez diferença!

Em 1996, fui convocado para a Seleção Brasileira de Futsal. O talento fez diferença! Infelizmente, por compromissos com o clube, não consegui jogar. A partir daí, comecei a receber propostas de outras equipes e no mesmo ano joguei pela GM, uma das principais equipes do país. Após um período na geladeira, não teve outro jeito, o talento fez diferença e fui novamente convocado pela seleção, em 1998. A partir de então, estive presente em todas as convocações.

Em 1999, fui para o Atlético Mineiro. O talento fez diferença e ali eu me consolidei, joguei a final e fiz três gols.

No ano de 1999, pela Seleção Brasileira, joguei o torneio em Cingapura, fiz três gols na final. Em 2002, extraoficialmente, eu já era considerado o melhor jogador do mundo; e, em 2004, fui oficialmente eleito. O talento fez a diferença!

E quando o talento não basta?

Eu era o melhor jogador do mundo. Inflamava os ginásios, fazia jogadas extraordinárias, mas perdi dois mundiais. O talento não bastava!

Em 2005, fui para o São Paulo FC, onde estreei minha carreira nos gramados. A repercussão foi muito grande, fui aclamado pela torcida, havia muita expectativa pela minha estreia, mas, infelizmente ou felizmente, minha história nos gramados durou apenas cinco meses. Confesso que foi muito mais frustrante para o público do que para mim. Optar por voltar às quadras foi a melhor coisa que poderia ter acontecido. É preciso saber perder para ganhar.

Quando o talento encontra a liderança, os resultados são inevitáveis

A decepção nos gramados me motivou a voltar ao futsal e agora disposto e focado em ganhar títulos. Em 2005, fui campeão da liga de futsal pelo Jaraguá do Sul e, de lá para cá, estive em todas as finais com excelente aproveitamento.

Eu queria mais, muito mais, e me preparei bastante para o mundial de 2008. A responsabilidade era minha. Eu tinha uma imagem forte, fãs no mundo inteiro, mas não tinha o título mundial. Ganhamos o mundial, mas eu queria mais! Não queria ser o melhor do mundo, queria ser o melhor de todos os tempos. Queria deixar meu legado. E foi

Prefácio

essa liderança, aliada ao meu talento, que me permitiu ir além. Isto é liderança, é ser um insatisfeito constante com as coisas. Sim, sou ambicioso e me orgulho disso. Líder sem ambição não é líder.

Não seria o número 1 se não assumisse a liderança

Em 2003, quando fui para o Jaraguá do Sul, assumi o lugar do Manoel Tobias, um dos melhores do mundo e que tinha feito história no clube. A responsabilidade me obrigou a ser líder. Só talento não bastava, era preciso ser líder. Eu me posicionei como líder, estive perto, participei, contribuí, trouxe a responsabilidade para mim, fui o líder que o clube precisava.

E o mais importante, sempre quero ganhar. E sempre foi assim. A responsabilidade me dá um compromisso muito grande. Eu me preocupo com o time, estudo o adversário, transmito informações, treino forte, estou com o grupo.

Quando cheguei ao Santos, era o primeiro ano do clube, e, para o grupo, o quarto lugar no campeonato estava ótimo, mas eu não queria isso. Queria ser campeão. E fomos campeões. A liderança fez a diferença!

No Orlândia, não foi diferente. O time não tinha histórico de grandes resultados. Lá, minha liderança foi muito forte. Na minha chegada, fiz uma reunião, expus todo o meu desconforto para os jogadores, a diretoria e a comissão técnica. E deixei claro: ou seríamos campeões ou eu estava fora. Eles estavam na zona de conforto, tudo estava bom, sempre tinha uma desculpa para tudo. Desafiei o time a ir além. Apontei defeitos, acompanhei, e os ajudei a melhorar. Tive um olhar individual, eu me preocupei com cada um.

Resultado: fomos campeões em um jogo histórico. Eu não ia jogar, estava machucado. Estávamos perdendo feio, o primeiro tempo virou em 4 x 0 para o Joinville. O empate era nosso, havíamos ganhado o primeiro jogo. Eu nunca tinha vivido uma situação como essa, e me sentia impotente, pois, pela primeira vez, o talento não fazia a menor diferença, afinal, eu não poderia jogar. Então, só me restava a liderança e, no intervalo, durante uma entrevista, externo uma das principais virtudes de um líder – acreditar e digo: "Nós vamos buscar o resultado."
No vestiário, pedi a palavra ao técnico e disse: "Este não é o time que chegou à final. Quero saber se vocês acreditam, porque eu acredito neste time." Nesse momento, virei para o médico e pedi para que me aplicasse uma injeção para minimizar a dor, porque eu ia jogar. Todos me olharam assustados, pois sabiam que a minha lesão era séria, mas sentiram a minha energia e convicção. Isso inflamou a todos e fizemos quatro gols no segundo tempo em um jogo emocionante. Mesmo longe das minhas condições perfeitas, o coração falou mais alto, fiz um gol e dei três assistências. Vencemos, aliás, ganhamos dois campeonatos seguidos. A liderança fez a diferença!

Quando decide ser líder, você se surpreende com o que pode fazer

Em 2012, no Mundial de Futsal, vivi o momento mais marcante da minha carreira. Queria muito jogar aquele mundial, era o título que faltava para eu pagar a minha dívida com a torcida. Eu tinha uma grande responsabilidade de ajudar meus companheiros. Havia perdido dois mundiais, e queria ganhar o segundo naquele ano. Novamente,

Prefácio

uma séria lesão no primeiro jogo me fez ficar trancado cinco dias no quarto sem poder me movimentar. Eu tinha todos os motivos para ir embora, ficar com a família, mas este não seria eu. Eu tinha a convicção de que poderia me recuperar e jogar. E para completar, toda essa pressão me causou uma paralisia facial, afetando parcialmente a visão. Mais uma vez, a liderança fez a diferença!

Contra a Argentina, perdíamos por 2 x 0, e pedi para jogar. Os médicos eram contra, o técnico também, mas ao longo da minha carreira construí uma grande reputação que naquele momento foi crucial para que acreditassem em mim. Entrei faltando 8 minutos. Participei do primeiro gol, fiz o gol do empate faltando 4 minutos e o gol histórico da virada na prorrogação. Vencemos por 3 x 2. Não consigo explicar até hoje aquele sentimento. Lembrei-me de toda a minha história, da minha família, de tudo o que eu tinha passado naqueles dias e não aguentei a emoção, eu me ajoelhei e chorei. Essa imagem ficou eternizada em minha história. Chorei pela vitória da seleção e chorei pela minha superação. Isto é ser líder. Ser líder é razão, pensar em números, resultados, títulos, enfim. Mas, ser líder é emoção, é coração, é paixão! Se você não é apaixonado, pode esquecer, jamais será líder. Paixão pela sua profissão, pelo clube (ou empresa) que você defende, pelas pessoas que confiam em você, pela sua família e, principalmente, pela sua carreira. Ser líder é, acima de tudo, ser um apaixonado pelas suas conquistas.

Este jogo foi mágico, e contra a Espanha fiz o gol do empate e vencemos na prorrogação. Fomos campeões!

Não são somente as vitórias que formam um líder, e, sim, a sua força diante dos desafios

Depois de muitas conquistas seguidas, naquele ano, excepcionalmente, não ganhei a bola de ouro, não fui o artilheiro, mas ganhei o maior de todos os prêmios, o respeito! Aprendi que não tem limites. Aprendi que, quando a vontade é grande, é possível ir além, muito além. Ganhei um novo limite, o do impossível.

Sinto uma emoção muito grande ao escrever este prefácio, pois, mais do que relembrar a minha história, estou tendo a oportunidade de elucidar essa força descomunal que sempre me impulsionou a seguir em frente: o desejo de ser líder!

E, para finalizar, vou atender ao pedido e desafio do Alexandre, que me solicitou que resumisse a minha trajetória em lições que aprendi, vivenciei e que me permitiram chegar ao posto de número 1. Mas, como a minha praia é o futsal, vou me permitir trazer os aprendizados neste contexto, pois essas lições serão amplamente discutidas neste livro com a experiência de quem vive a vida com a missão de encontrar e desenvolver líderes e que lhe possibilitarão ir além na carreira, nos negócios e na vida.

Para assumir a liderança, você precisa pensar como líder:

1. **Imponha o seu estilo de jogo** – Você vai ser líder quando for espetacular em alguma coisa. Fazer aquilo que nasceu para fazer é o primeiro passo para chegar lá! Você jamais será líder sendo medíocre, é preciso encantar, ser diferente, encher os olhos. E você conquistará isso quando aliar aquilo que tem paixão em fazer com o intenso desejo de ser o número 1.

2. **Seja artilheiro** – É preciso transformar o seu estilo em resultado. De nada adianta jogar bonito se não fizer gols. De nada adianta encantar com seus dribles se não ganhar título. O talento tem de reverter em resultados. Às vezes, você não é o cara que precisa fazer os gols, então seja o cara que ajuda as pessoas a fazer gols. O importante é que seus resultados impressionem.

3. **Busque a artilharia todos os anos** – Jamais se contente com um resultado. Vá além. É preciso buscar os resultados todos os anos. Resultado, uma vez, muitos podem conseguir; eternizar esse resultado é para poucos, só para aqueles com um intenso desejo de ser o número 1 na vida e não em uma temporada.

4. **Queira ganhar sempre** – O segundo lugar não é um bom lugar. O primeiro lugar é o que importa. Se você fez tudo o que tinha de ser feito e foi o segundo, valorize a sua dedicação, comemore o resultado, mas não se conforme com isso. O número 1 quer sempre o degrau mais alto de pódio.

5. **Tenha personalidade** – 20% é saber fazer, 80% é fazer. A coragem acompanha o líder. Se você quiser dar um drible, dê o drible. Se quiser fazer uma jogada de impacto, faça. Faça o que tiver de fazer. A responsabilidade não pode ser um peso que o limite. A responsabilidade deve ser encarada como um motivador. Não olhe o placar, tenha personalidade quando estiver ganhando ou perdendo. Faça o que tiver de fazer. Entregue o que tiver de entregar.

Não foi fácil chegar aqui, não é fácil ser líder, não é simples ser o número 1. É mais cômodo ser comum, ser mais um na multidão. Mas vou lhe dizer, valeu a pena. Eu quis ser o melhor e fui o melhor. Tenho a admiração dos meus filhos, da minha esposa, de um país e do mundo dos esportes. Estou deixando meu legado e estou na torcida para que você deixe o seu!

Aproveite este livro e leia-o com o desejo e a certeza de quem será o número 1.

Alessandro Rosa Vieira, o Falcão

INTRODUÇÃO.

Esqueça o resultado!

Pode parecer uma contradição, afinal, o nome do livro é Resultado, mas eu quero lhe propor isto: esqueça o resultado! As pessoas perdem muito tempo projetando o futuro e esquecem de fazer o que realmente precisam fazer e quando precisam fazer – no presente. Pensar demais no resultado desanima, preocupa, angustia. E sabe por que você deve esquecer o resultado? Simples, porque ele não lhe pertence! Logo, é inútil desperdiçar energia naquilo que não podemos controlar. É por isso que a maioria das pessoas não consegue alcançar os objetivos traçados ao longo da vida. Seja um objetivo profissional, a meta de emagrecer, o desafio de poupar mais, enfim, independentemente do que almejamos, o resultado é o que menos importa; ele é uma simples consequência daquilo que podemos e devemos

Introdução

controlar: o desempenho. Portanto, desculpe decepcioná-lo, mas este livro não fala sobre resultado, e, sobre a única coisa que importa: o seu mais intenso e focado desempenho. Se você aprender a controlar o seu desempenho, então poderá comemorar os mais intensos resultados.

O seu melhor desempenho está nos detalhes!

O princípio de um desempenho extraordinário é a atenção aos detalhes. Exatamente isso, o nosso melhor desempenho está nos detalhes. Como nos preocupamos demasiadamente com o resultado, nossa energia é desperdiçada em preocupações excessivas que nos levam a pensar macro, quando deveríamos focar nos detalhes, nas ações micro que levarão ao pleno resultado.

Imagine um vendedor que precisa atingir um resultado de R$ 1.000.000,00. Se a sua cabeça estiver voltada para esse número, possivelmente não dará atenção aos clientes que compram R$ 10.000,00, pois em relação à meta, é um valor é ínfimo, logo não merecerá a atenção necessária, já que esse vendedor estará focado em clientes que tragam números mais expressivos. Acontece que, para chegarmos ao resultado, a microação pode provocar resultados impressionantes, desde que executada de uma forma efetiva, inteligente e consistente.

Um clube de futebol necessita vencer por 3 gols de diferença para ganhar o campeonato. Ao iniciar o jogo, sofre um gol. Nesse momento, é muito comum o time esmorecer, deixar a estratégia de lado e ir para o tudo ou nada, pois, neste instante, tudo parou de importar – a estratégia, o trabalho em equipe, os lances ensaiados, a marcação, enfim – restando apenas a busca incessante pelo resultado. E, como consequência, o resultado não vem. Esse é um erro a não ser cometido. Nessa hora precisamos colocar a razão no jogo, e não o coração, como muitos afirmam ser a solução. O coração entra para trazer ainda mais comprometimento com a estratégia.

O detalhe pode lhe fazer quebrar recordes!

Quando damos a devida atenção aos detalhes, conseguimos projetar o que há de melhor em nossas competências. O olhar minucioso com o treinamento certo produz movimentos precisos e, consequentemente, resultados extraordinários. Guarde esta frase que repetirei inúmeras vezes neste livro: o seu melhor desempenho está nos detalhes! Na vida, nos relacionamentos, na carreira e nos negócios, você somente quebra os recordes se atentar-se aos detalhes.

Este livro tem a missão de levar você à liderança naquilo que faz. Independentemente da sua profissão, nível hierárquico, posição social, eu quero que você pense com a cabeça de quem vai chegar ao topo. Eu não sei se você acredita que pode ser o número 1, mas o seu olhar tem que projetar o pódio para que você pense, sinta e aja como um verdadeiro líder.

A provocação o leva além!

Desafie uma pessoa e descubra quem ela é. Boa parte das pessoas lhe dirá: "Não sei se estou pronto." Uma forma sutil de manter-se na zona de conforto, encontrando uma desculpa razoável para si mesmo. Outras lhe dirão: "Vou fazer o que eu posso!" Uma frase típica de quem não tem a intenção de se comprometer efetivamente. E poucos,

Introdução

bem poucos, serão firmes e certeiros: "Pode contar comigo!" Agora, desses poucos, uma minúscula minoria realmente se entregará 120% e fará acontecer. É por isso que só tem lugar para um número 1. Quem chegou lá, não chegou à toa. Chegou porque foi capaz de fazer o que precisa ser feito! Como coach, esse é o meu papel – provocar! Portanto, conte comigo nessa jornada. Eu serei o seu coach e vou provocá-lo, pode apostar!

O foco e as suas conquistas

Minha grande missão como coach é contribuir para que as pessoas consigam manter o foco necessário para alcançar seus objetivos na carreira e na vida. Independentemente da onde quer chegar, uma coisa é certa: o foco no seu desempenho é o único caminho para manter-se firme na conquista das suas metas.

É preciso exercer o foco o tempo todo. Eu, por exemplo, sempre que vou a Niterói visitar a família da minha esposa, realizo uma atividade: correr do início da praia de Icaraí ao pé do Museu de Arte Contemporânea. Após um período de sedentarismo, retomei a prática e, numa manhã de sábado, lá estava eu, no começo do percurso, olhando o museu ao longe. Meu pensamento era: "Acho que não vou conseguir chegar lá..." Algo em meu interior me dizia que a meta estava longe de ser alcançada e, por alguns instantes, conformei-me em chegar o mais perto possível.

Mas, como coach, não posso permitir que meu jogo interior comande minhas decisões dessa forma. Foi então que comecei uma luta interna, comigo mesmo – jogo interior x jogo exterior – para driblar o pensamento conformista.

Não existe negociação nessa hora, o jogo interior sempre vence. É preciso começar, dar o primeiro passo e lutar com o seu sistema o tempo todo. Vou dividir com você o que me ajudou naquele momento e espero que contribua com a sua caminhada de alguma forma.

1. **Não pense na meta, foque no próximo passo:** parei de olhar para o museu e mirei na referência seguinte (o ponto de ônibus, a barraca de coco, a próxima curva...), e a cada nova etapa conquistada, a meta se aproximava. Então, eu ia pouco a pouco provando para meu jogo interior que estava preparado.
2. **Esqueça o esforço, divirta-se no caminho:** quanto mais pensava na dor que sentia na panturrilha, mais ela doía. Quanto mais olhava o cronômetro, menos o tempo passava. Quanto mais pensava em meu cansaço, mais cansado ficava. Então, parei de me preocupar com o demasiado esforço que estava fazendo e decidi olhar a paisagem, as pessoas, o mar, curtir a minha música, enfim, decidi me divertir. Sem diversão, não há foco.
3. **E o mais importante, jamais se contente com a meta alcançada:** quando finalmente cheguei ao museu, parei por alguns segundos, olhei ao redor e o que fiz? Voltei! Foi então que percebi que o museu não importava tanto, tinha algo à frente, que me motivava a fazer aquele percurso. E mais, me dava energia para, da próxima vez, ir além do museu. Logo, o museu deixou de ser o alvo e agora quero chegar até o Forte de Gragoatá. E quando chegar lá, vou querer mais. E o que nos move a seguir adiante? Eu garanto: não são as metas, mas, sim, aquilo que está além das metas, o seu propósito. Correr uma maratona, ganhar dinheiro e perder peso são metas, mas a pergunta que se faz necessária é "Por que vale a pena alcançar essa meta?". A resposta é o combustível fundamental para garantir que você irá além (ou não).

Introdução

No entanto, é preciso que seu propósito esteja claro e, fundamentalmente, que sua conquista dependa apenas de você. Quando alguém busca algo porque deseja reconhecimento, fama ou prestígio, corre o sério risco de se frustrar, pois está depositando a sua realização em fatores externos. E se eu não for reconhecido? E se a fama não vier? Tudo acabou? Nada mais vale a pena?

É preciso que seu propósito dependa apenas de você. Portanto, perder peso para ter o corpo igual ao do outro, para receber elogios ou para impressionar alguém não depende você. Por sua vez, ter qualidade de vida e uma vida mais saudável, isto, sim, depende de você. O que vier, além disso, é consequência. Posso lhe garantir: com o propósito claro e o foco naquilo que precisa ser feito hoje, o reconhecimento será inevitável.

Na vida, precisamos deixar um legado. Qual será o seu? Como você deseja ser lembrado? Como alguém que quase conseguiu? Como alguém que conseguiu, mas não foi além ou como aquele que jamais deixou de evoluir e conquistar seus objetivos?

Essa é a liderança além dos números. O olhar do novo líder aponta para o futuro, mas seu foco está no presente, pois são as ações que realizamos hoje que nos direcionarão para o nosso propósito, para o nosso destino.

Pense nisto e vá além!

1.

Ser líder é uma questão de decisão!

Uma discussão sempre envolveu a área de desenvolvimento de líderes: eles nascem prontos ou podem ser criados?

O termo "nascer pronto" não quer nos remeter a imaginar uma criança de dois anos liderando um protesto infantil pelos seus direitos e deveres na creche, devido a um lanchinho que não agradou. Essa expressão enfatiza o que chamamos de talento, uma aptidão natural que nos possibilita sermos bem-sucedidos em determinada função, mesmo sem conseguirmos explicar a origem dessa facilidade. Refiro-me àquela velha frase: "Nossa, esse menino tem grande facilidade para desenhar. Como ele aprendeu isso?"

Portanto, um fato é indiscutível: existem pessoas com habilidades inatas para liderar. Mas isso não garante o sucesso como líder. Um talento só é útil quando transformado em competências de mercado, ou seja, quando consegue aliar suas habilidades inatas às atitudes e conhecimentos necessários para conquistar resultados na área que almeja.

Habilidades podem e devem ser desenvolvidas

Eis uma ótima notícia! Mesmo que você não possua uma habilidade inata para realizar alguma atividade específica, é possível desenvolvê-la. Talvez não tenha o mesmo êxito de alguém com esse dom natural, mas conseguirá desenvolver-se plenamente com esforço, dedicação e persistência.

Habilidades podem ser desperdiçadas

Não pense que somente porque possui um talento especial não precisará desenvolver-se continuamente. Uma habilidade, se não for aperfeiçoada constantemente, poderá ser desperdiçada e nunca será utilizada com maestria.

Liderança não tem contraindicação

Independentemente da sua área de atuação, um ponto é indiscutível: você deve ser um líder! Não se restrinja ao conceito de liderar pessoas – uma das habilidades fundamentais da liderança. É importante também a capacidade de engajamento. Liderar é desfrutar uma inquietação produtiva, é querer sempre mais!

A construção de um líder

Vimos que talento é importante, mas não é tudo. Vimos que mesmo que não possua habilidades inatas para liderar, você pode desenvolvê-las. Compreendido isso, podemos retomar o título deste capítulo: "Ser líder é uma questão de decisão!"

Habilidades (inatas ou não) + Conhecimento + Atitude = Competências de liderança

Quer realmente tornar-se um líder? Então:

- **Decida entender e gostar de gente** – Independentemente da sua profissão, tudo se resume ao ser humano e você precisará conhecê-lo, de fato, para prosperar em qualquer cenário. Invista em relacionamento!

- **Decida ser ambicioso** – Liderar sem ambição é como ser um centroavante que não se importa em fazer gols. A principal missão de um líder é construir e engajar as pessoas em prol dos resultados. Um líder sem ambição constrói equipes mornas, sem ambição. Mas lembre-se: ambição é diferente de ganância. Ganância é não querer que mais ninguém ganhe além de você.

- **Decida comunicar-se com maestria** – A comunicação se faz presente a todo o momento, principalmente no externar dos nossos comportamentos. Um profissional que tem como um ponto forte a capacidade de comunicação consegue usar o poder da linguagem para potencializar seu time, vender suas ideias e mostrar claramente o que há de melhor em sua atuação.

- **Decida ser multicultural** – Um líder precisa dominar uma área de conhecimento, sem alienar-se das demais. Ele deve estar conectado, atento e, principalmente, preparar-se para as diversas áreas do conhecimento. E tão importante quanto o conhecimento técnico e comportamental é o investimento em cultura, em conhecimento não perecível.

- **Decida ser inovador** – Na era da competitividade, o que vale é a inovação. E não estou me referindo a grandes inovações, mas, sim, na maneira criativa de como você pode fazer a mesma coisa de diversas formas, encantando e surpreendendo as pessoas ao seu redor.
- **Decida pensar estrategicamente** – Um líder precisa ter uma capacidade incrível de tomar decisão. Ninguém confiará em um líder que fica "em cima do muro". Pensar estrategicamente é pensar em longo prazo, concretizando ações que tragam resultados sustentáveis. Pensar estrategicamente é buscar novas fontes de informação para estar preparado às constantes mudanças globais.
- **Decida ser congruente** – Liderar é uma questão de confiança. Confiança é uma questão de congruência. Como confiar em alguém incongruente, que tem comportamentos completamente diferentes de suas intenções? Liderar pelo exemplo é uma atitude fundamental para conquistar naturalmente o respeito e comprometimento de seus seguidores.

Por fim, decida ser líder e garanta a sustentabilidade da sua carreira.

A essência da liderança

Precisamos de líderes que compreendam a verdadeira essência da liderança – o resultado.

    Eu quero que você leia este livro com o olhar de quem vai buscar a liderança que está além dos números. Este livro não foi escrito apenas para lhe ajudar a atingir metas, longe disso. A minha missão é fazê-lo enxergar o verdadeiro resultado, aquele que está além das metas, dos objetivos, dos indicadores, enfim, dos números. Eu quero que você busque a liderança na sua carreira e que os números que você atingir sejam o impulsionador dessa trajetória. Eu quero que você conquiste o verdadeiro resultado.

    Eu vivi o mundo corporativo com muita intensidade, naveguei por muitos cenários e convivi com grandes líderes. Aprendi muito com esses mestres. Cada um, a seu modo, me ensinou que não existe um perfil exato de liderança, existe, sim, o líder certo no lugar certo. Você somente assumirá a liderança naquilo que você tem total paixão em fazer. Isso não tem discussão.

Essa visão se fortaleceu desde a fundação do Instituto de Coaching Aplicado, onde tive a oportunidade de desenvolver mais de 1.200 líderes nos últimos seis anos. E, desde então, tive a maior de todas as lições da minha carreira: jamais criar um estereótipo para um líder. Simplesmente não existe. Conheci profissionais extraordinários que, nas teorias estipuladas pelo mercado, tinham tudo para dar errado. A única regra é encontrar a sua forma, a sua maneira de entregar resultados. Esse é o profissional que vai assumir a liderança!

E mais uma vez a vida me deu um grande presente para ampliar as minhas certezas e incertezas sobre liderança. Pude desenvolver em meu processo de coaching diversas personalidades e gostaria de destacar aqui quatro histórias (uma delas já foi retratada no prefácio, a trajetória do craque Falcão), que traduzem muito bem o que defendo nesse livro – a busca pela liderança: a decisão, os desafios, as consequências e, principalmente, a entrega incondicional.

Junior Cigano e os desafios

No início da sua carreira como lutador, esse catarinense que sempre trabalhou duro – de carregador a garçom – até pensou que seria mais fácil. Logo que começou a treinar se destacou e ganhou todas as lutas que disputou até receber o convite para integrar o time do UFC. Todas, exceto uma, a que veio antes de assinar o contrato com a empresa. E por causa dessa única luta que perdeu, o UFC desistiu, pois não contratavam lutadores que vinham de derrotas. Apesar da decepção, Cigano não desistiu, teve sua revanche, venceu e foi novamente convidado pelo UFC a integrar o time de lutadores. Ao receber a ligação do seu técnico, duas notícias lhe foram apresentadas. O contrato com o UFC estava firmado e já haviam proposto a primeira luta. Ficou feliz só por alguns segundos, pois foi informado que seria contra um dos principais lutadores da época, Fabiano Werdum. E tinha um detalhe: Werdum havia sido qualificado para disputar o cinturão dos pesos-pesados. Porém o detentor do título havia se machucado, e a luta contra o Cigano seria uma forma de não cancelar o espetáculo. Cigano logo descobriu que todos acreditavam que ele seria uma espécie de confirmação para o Werdum. Ainda assim, aceitou a luta. Ele entrou como um jovem inexperiente, venceu no primeiro *round* e saiu do octógono como a grande revelação do UFC.

Uma pausa na história para conceituar a liderança. Você será líder se tiver a capacidade de encarar os desafios que a vida lhe proporcionar. E se ela não lhe proporcionar nenhum, dê um jeito de encontrar. Assumir a liderança é encarar desafios. Você jamais conquistará a liderança no sofá de casa, esqueça. E os desafios que se apresentam nem sempre lhe parecem justos, possíveis, mas para quem almeja o topo não há desculpas, só resta seguir em frente.

E esse conceito se fez presente na história de Junior Cigano. Após vencer o combate com o Werdum, novas lutas foram agendadas e Cigano vencia todas, uma após a outra e com os maiores lutadores do UFC. Mas algo o incomodava, pois a sua qualificação para a disputa do cinturão nunca chegava. E aí é que vem a injustiça de muitos desafios. Jamais, na história do UFC, um lutador teve que vencer sete lutas consecutivas para poder disputar o cinturão. Mas com Cigano foi assim. Ele teve que mostrar muito resultado até ter a chance de lutar com o atual campeão. O desejo de ser o número 1 era muito maior do que a vaidade e o sentimento de injustiça. Foi assim que ele fez a sua parte: qualificou-se para o título, venceu e tornou-se campeão mundial do UFC.

E você, como age diante de um desafio? Como lida com as injustiças que se apresentam no seu caminho? Recua, lamenta ou enfrenta?

André Akkari e a confirmação

André Akkari é um dos maiores jogadores profissionais de poker do Brasil. Foi o ganhador do bracelete do WSOP em 2011, o mais importante evento do mundo, em Las Vegas, o que o consagrou como o segundo brasileiro a conquistar essa proeza. Akkari tem números que o credenciam como um grande campeão. Mas nem sempre foi assim. Mesmo tendo grandes resultados no Poker online, modalidade amplamente praticada no mundo do poker, Akkari era constantemente cobrado por não ter resultados expressivos em torneios presenciais. Mas por que isso o incomodava? Ganhava dinheiro, tinha prestígio... o que mais poderia querer?

Esta é a pergunta. O que mais? Um líder se move por essa pergunta. Algo acontece com o líder quando é provocado. E essa provocação é o impulsionador para ir além. Akkari foi provocado e seu algo mais era simples: ser o número 1. Ele queria se confirmar como um grande jogador, mas eis um detalhe importante: a confirmação não era para os outros, mas para ele mesmo. Essa é a única confirmação que importa. Ganhar o bracelete lhe trouxe muito prestígio, dinheiro, fama e algo mais valioso do que tudo isso: a certeza de que seu método de jogo era lucrativo e vencedor. E por que isso é mais importante do que a fama? Por que mesmo após quatro anos do seu título mundial, Akkari continua no auge, treinou milhares de jogadores em seu centro de treinamento, o Akkari Team, e viaja por todo o mundo difundindo o poker como um esporte da mente.

Quem deseja ser o número 1 jamais se esquiva das provocações; encara-as, transformando-as em combustível para ir além. Contente-se com as conquistas até aqui, mas não durma sobre elas. Incomode-se com o futuro e vislumbre a possibilidade de novas conquistas.

O que o incomoda e pode transformar o seu futuro?

Denilson e as consequências do sucesso

Denilson de Oliveira, mais conhecido como Denilson Show, é um campeão. Craque do São Paulo FC, jogou duas copas do mundo, foi pentacampeão mundial. Dono de jogadas inesquecíveis, é também comentarista da Band. Enfim, Denilson é um campeão. Muito mais do que uma história de superação; é a trajetória de um líder.

Em uma de nossas conversas, eu perguntei para o Denilson: "Qual foi o momento mais difícil da sua carreira?" Pensei que ele fosse me falar do golpe financeiro que sofreu, do trauma da Copa do Mundo de 1998, das constantes lesões que o afastaram dos gramados. Mas ele me surpreendeu e disse: "O momento mais difícil da minha careira foi quando fui vendido para o Betis, considerada a maior transação do mundo na época. A partir daquele momento, eu passei a ser cobrado como o jogador mais caro do mundo, era questionado nos vestiários, pela imprensa, enfim, eu sofri as consequências do meu sucesso."

Denilson nos ensina uma grande lição. Ser líder traz consequências e nem todas as pessoas estão preparadas para isso. Eu poderia citar centenas de exemplos de pessoas que chegaram ao topo rapidamente e caíram na mesma velocidade. Ser líder é para quem está preparado para encarar as consequências do sucesso.

Denilson, encarou as consequências, construiu uma trajetória de sucesso na Espanha, jogou mais uma Copa do Mundo, pela qual se consagrou Penta Campeão em 2002. Ganhou títulos e conquistou o maior de todos os prêmios: deixou o seu legado no futebol.

Você está disposto a encarar as consequências do sucesso? Fiz questão de trazer essas histórias para ilustrar a grande lição deste livro – ser líder dá trabalho. Ninguém – guarde isso! – ninguém que chegou ao topo teve vida fácil. Nós enxergamos apenas o resultado. O caminho só quem o traçou sabe, de fato, o quanto caiu e precisou levantar.

Eu poderia escrever um livro somente com histórias como essas, pois ao longo da vida, convivi com muitas pessoas que caíram e levantaram e conheci muitas outras que caíram, encontraram um lugar quentinho na queda e ali ficaram.

Mas alcançar a liderança vai além do seu poder de superação. Independentemente da sua área de atuação, um líder se constrói e se sustenta a partir dos seus resultados, porém, eis o grande diferencial dos líderes de resultados: **eles constroem resultados por meio do envolvimento das pessoas e de uma participação engajada de sua equipe.** As pessoas seguem um líder de resultados e empenham-se verdadeiramente quando compreendem que vale a pena. Os seus resultados são e serão consequência das pessoas que você conseguir engajar ao longo da sua trajetória.

É fato que para engajar pessoas, o líder deve assumir o papel de servidor, inspirador, motivador etc., mas sem negligenciar que esses papéis devem levar as pessoas ao comprometimento com os resultados. Ser um líder "gente boa", que todo mundo ama, não basta! Os líderes mais lembrados são aqueles que nos impulsionam a crescer.

Você pode considerar essa abordagem um tanto quanto fria, corporativa, mas a verdade é que os resultados sustentam a carreira de qualquer profissional, principalmente aqueles que assumem um posicionamento de liderança. Não importa o seu posto de liderança, se resolveu assumir, decida entregar resultados.

No entanto, eu quero que você compreenda que os resultados transcendem aos indicadores estabelecidos em um planejamento estratégico. O resultado é o fator que projeta o líder, o faz ser merecedor de grandes conquistas em sua carreira. Eu gosto de destacar dois tipos de resultados:

- **Tangíveis** – Aqueles que podemos medir, que indicam de maneira clara e objetiva o alcance dos resultados almejados. Esses resultados são fundamentais para que não haja discussão sobre o desempenho do líder. Está ali para quem quiser ver! É o seu número de vendas, os gols marcados, os recordes alcançados, enfim, os números incontestáveis.

- **Intangíveis** – Aqueles que não podemos medir, mas que fazem uma grande diferença no engajamento das pessoas. Eu gosto de chamar esse resultado de LEGADO – aquilo pelo qual o líder verdadeiramente será lembrado. É difícil medir o impacto disso em números e indicadores, mas representam a causa do líder, a sua verdadeira essência. Quando falo sobre legado, isso me remete ao grande Comandante Rolim, da TAM. Ele deixou um legado de atendimento ao cliente, paixão em servir... De fato é difícil medir o impacto financeiro de estender um tapete vermelho para os clientes antes de entrar na aeronave, mas isso gera um resultado indiscutível na marca que o comandante Rolim deixou para a TAM. As pessoas se envolvem com uma causa como esta.

Os resultados tangíveis norteiam as ações da liderança. Já os resultados intangíveis sustentam o seu posicionamento como líder. Afinal, as pessoas não se comprometem com um líder, e, sim, com a causa do líder.

Se você quer ser líder, se deseja ser o número 1, não existe atalho, existem resultados. Portanto, eu desejo que você mergulhe nos segredos do comportamento humano, dos caminhos para um desempenho extraordinário, do engajamento de pessoas, e torne-se o líder que fará a diferença nos novos tempos.

Precisamos de líderes que defendam um propósito

Nos últimos anos, muitos governantes têm decepcionado aqueles que acreditam verdadeiramente no potencial do nosso país. Denúncias de corrupção não são raras no Brasil, mas, a cada dia, atingirem líderes que estavam acima de qualquer suspeita e de uma maneira tão escandalosa, que deixa clara a certeza que esses corruptos têm da impunidade e da inação da nossa justiça.

Vivemos uma crise de propósitos. O problema do nosso país não é a política, são os políticos. A causa da política é nobre, mas quantos governantes verdadeiramente vivem por essa causa? Quantos conseguem deixar seus interesses pessoais de lado para cumprir as promessas de campanha? Na verdade, temos uma grande responsabilidade nisso, pois geralmente não escolhemos os candidatos pelo seu propósito, optamos por aqueles que, com maior condição financeira, conseguem vender melhor a sua imagem.

Agora, isso não ocorre apenas na política, está em toda a parte. O problema é o mesmo, só muda o cenário. Uma grande rede de postos anuncia: "Apaixonados por você!" O slogan é lindo, retrata o propósito da empresa, mas não garante ele será cumprido. Se as pessoas responsáveis por entregar esse propósito – os colaboradores dessa empresa – não se apaixonarem por essa causa, o cliente não terá a experiência desejada pela empresa. Novamente, o problema está na escolha.

Amigo, precisamos compreender que o propósito é o maior combustível para o alcance dos nossos objetivos. Quando o propósito está claro, nossas ações fazem sentido, logo vale a pena pôr em prática todo o nosso potencial. Por favor, decida fazer algo que esteja alinhado ao seu propósito. Se o seu maior sonho é ser milionário, não escolha a política, pois você será tentado a alcançar o seu propósito caminhando por alguns atalhos. Se deseja estabilidade, não opte por tornar-se um empresário, porque a instabilidade de gerir um negócio pode frustrá-lo e dificilmente você terá êxito.

Sonho com um mundo onde as pessoas consigam viver plenamente os seus propósitos! E desejo que você viva plenamente o seu!

Precisamos de líderes que vivam valores firmes

Tive a honra de conhecer uma grande figura da música, o vocalista da banda *Nenhum de Nós*, Thedy Correa. Além de um grande cantor, músico, compositor, escritor, também ministra palestras em empresas e universidades fazendo um paralelo entre a música e o mundo corporativo. Assisti a sua palestra e pude notar o encantamento do público ao surpreender-se com um roqueiro dos anos 1980 ensinando sobre inovação, criatividade e liderança de uma maneira simples, didática e, por vezes, poética. Sensacional!

Mas o que realmente me impressionou foi acompanhar um show do *Nenhum de Nós* e ver jovens de 17, 18, 20 anos de idade cantando todas as músicas da banda que estouraram nos anos 1980. Jovens que não eram nascidos na época, mas que foram presenteados com canções que ultrapassaram a barreira do tempo como "Camila, Camila", "Astronauta de Mármore", "Você vai lembrar de mim", dentre outros sucessos.

Isso me fez refletir sobre os fenômenos musicais que aparecem diariamente. Quem se lembra do hit *Ai, se eu te pego*? Quem ainda pedirá nas rádios *Lepo, Lepo*... daqui a seis meses? Resposta: NINGUÉM! Sabe por quê? Porque são canções que não marcam gerações, não emocionam, não têm história, enfim, são perecíveis!

Porém isso não acontece só com a música. A novela de sucesso hoje ninguém se lembrará mais daqui três meses. Os artistas que se destacam hoje, em sua maioria, não são lembrados daqui um ano e logo se submetem a *reality shows* que tentam, de uma maneira que beira o ridículo, colocá-los de volta na mídia. Os artistas que se sustentam são aqueles que não buscam o sucesso a qualquer preço, são os que realmente dominam e fazem da sua arte o seu maior patrimônio.

Nas organizações não é diferente. É triste ver que muitos profissionais dão valor excessivo à tecnologia e deixam de lado o real valor de uma empresa: o relacionamento, a estratégia, a proximidade com o cliente, a discussão em prol dos novos rumos da organização, enfim, se esquecem do fator humano, o único elemento que verdadeiramente pode manter uma organização sustentável. Os e-mails estão substituindo as conversas; o SAC está aniquilando o relacionamento verdadeiro com os clientes; o planejamento estratégico com todas as suas diretrizes, indicadores e ações totalmente desenhados pela diretoria estão destruindo a capacidade das pessoas de pensar e participar das estratégias da empresa; a terceirização da liderança para o RH está derrubando o real sentido da figura do líder, o desenvolvimento das pessoas.

Percebo que as pessoas estão tecnologicamente evoluídas, mas não estão dando espaço à cultura, ao conhecimento não perecível. A tecnologia evoluirá e muito, e acompanhá-la será um fator natural. Mas quanto ao conhecimento, que ultrapassa séculos e não morre, de que estamos em busca? Falo da literatura, da arte, da cultura, da política, da ciência, enfim, do conhecimento que moveu e move a sociedade, e que a cada dia mais está nas mãos de poucos, dos poucos que ainda se preocupam em os manter perenes, mas também está nas mãos de alguns que desejam dominar uma sociedade que poderá tornar-se cada dia mais fútil.

Busquem a inovação, mas valorizem a cultura, afinal, sem ela, não existe inovação!

O que esperar dos novos líderes?

Ao preencher o recibo de pagamento de uma corrida, o taxista me pergunta: "O senhor quer que eu faça o recibo com esse valor mesmo?" Uma mulher corta a fila para embarcar no voo e finge estar atenta ao celular, pois ela mesma não consegue encarar a vergonha do seu ato. Em um restaurante, desses com mesas bem disputadas, um rapaz aguarda um casal pagar a conta para sentar-se à mesa. Durante um instante de distração, duas garotas tomam à frente e se sentam, disfarçam como se não soubessem o que tinha acontecido. Ao observarem que o rapaz se afastou, elas riem da situação, porque foram mais "espertas".

Eu poderia citar vários outros exemplos que se apresentam todos os dias diante dos nossos olhos, que demonstram claramente, mas muito claramente, que estamos vivendo uma séria crise de valores. É importante deixar isto bem claro: a crise não se dá pelo fato de não conhecermos os valores que regem uma sociedade, uma família, uma empresa, mas, sim, pela nossa incapacidade de viver esses valores em nossa vida. Nos exemplos citados anteriormente, posso afirmar que todos, sem exceção, sabiam o que era certo fazer. Porém cortar a fila é mais fácil; roubar a empresa (sim, isto é roubo!), solicitando um valor a mais no recibo do táxi, é mais rentável; ignorar a existência de alguém para sentar-se mais rápido à mesa é mais cômodo. Fazer o que é certo dá trabalho.

Você pode pensar agora que são exemplos banais, que isso não interfere em nada na sociedade, mas permita-me explicar. Quando alguém corta a fila na sua frente, você fica enfurecido e, se pudesse, brigaria, xingaria e faria a pessoa repensar o que fez. Logo, o sentimento de alguém quando fazemos isso é o mesmo e, pouco a pouco, quando esses pequenos exemplos acontecem, vamos desacreditando no ser humano. Como se já não bastassem as notícias de corrupção, violência e pobreza que nos afetam diariamente, ainda somos "presenteados" com comportamentos de completo descaso com o ser humano todos os dias, em qualquer ambiente.

Diante disto, algo fica muito claro: estamos vivendo uma crise de **importância dos valores** que regem uma sociedade. Não precisamos mudar os valores, apenas vivê-los, de fato, em nosso cotidiano, seja nas organizações, nas famílias, nas escolas, no lazer, enfim, em todos os contextos que nos cercam.

A geração perdida

Enquanto lê este texto, certamente você se questiona: "Como mudar isto?" Eis a pergunta mais importante de todas. Os valores são fruto das nossas crenças – aqueles ensinamentos e experiências que tivemos desde a nossa infância e que são responsáveis pela formação do nosso caráter e, como consequência, das nossas intenções e comportamentos. Nossas crenças nos acompanham por toda a vida e determinam como pensamos, sentimos, agimos, enfim, quem somos. Mudar uma crença é a mais desafiadora tarefa do desenvolvimento humano, pois requer uma forte consciência dos seus atos e consequências, além de um grande desejo e determinação para mudar. E quanto mais o tempo passa, maior se torna o desafio, pois a dificuldade aumenta, ao passo que as crenças são mais internalizadas com as experiências, notícias e sensação de que o mundo é assim e precisamos fazer parte do jogo.

Por mais doloroso que possa ser, vou direto ao assunto, sem romantismo: a geração atual jamais viverá os valores que acreditamos ser vitais para uma sociedade mais justa e digna. Estou me referindo àqueles que já estão contaminados e que insistem em abdicar do que é certo em prol do que é mais fácil e vantajoso para si. Para essas pessoas, existem as leis, as normas, as regras, que são impostas para substituir a falta de bom-senso e respeito aos valores. Além disso, existe a maior de todas as armas: o contraponto comportamental – ou seja, a indignação daqueles que insistem em fazer o certo, que dizem "NÃO" ao jeitinho, que reprimem a injustiça, que praticam a gentileza, que, por incrível que pareça, respeitam o próximo. E a boa notícia é que existem muitas pessoas com valores firmes e capazes de lutar por essa conscientização. E isso tem acontecido com mais frequência. As pessoas já têm se indignado e externado isso com mais afinco, pois estão mais conectadas e encontram alternativas para serem ouvidas.

Alexandre Prates

A geração influenciada

É fato que essa crise de importância aos valores trouxe graves consequências, que prefiro não enumerar aqui, pois quero trazer a discussão para o mundo corporativo e salientar um problema vivenciado por muitos líderes: a influência dessa crise na nova geração de profissionais. Muitos desses profissionais, rotulados pelo mercado como a Geração Y, nasceram e foram educados neste contexto. Com isso, apresentam algumas características que frequentemente valido em minhas atuações no mundo corporativo e que estão ocasionando sérios conflitos na relação profissional-empresa, que denominei "Os 3 'Is' da nova geração". É importante enfatizar que não estou rotulando, apenas externando a angústia de muitos líderes que se veem perdidos diante da inconstância de diversos jovens talentos. Sem mais delongas, vamos a eles:

- **Impaciência** – "Ou me satisfaz imediatamente ou não quero!" Essa é a sensação transmitida por muitos jovens dessa geração. "Ou a empresa me oferece oportunidade de crescimento muito rapidamente ou estou fora, procuro outra." Esse pensamento de curto prazo pode prejudicar (e muito) a carreira dos jovens profissionais. Nesse caso, é preciso distinguir muito bem pressa e ambição. Ter ambição é saudável, mas a pressa para conquistar aquilo que se deseja, sem pensar nas consequências em longo prazo, é perigosa.

- **Inconsistência** – Este, infelizmente, é outro comportamento presente em muitos jovens dessa geração. Apesar da enxurrada de informações a que somos submetidos diariamente, a incapacidade crítica de alguns jovens é assustadora. As redes sociais, que podem ser uma rica fonte de informação e troca de visões sobre diversos temas, têm sido, a meu ver, pouco exploradas.

Basta analisar quem são as pessoas mais seguidas no Twitter. Basta perguntar a um jovem quais veículos de comunicação ele acessa com frequência. E não precisa ir muito longe para identificar esse comportamento: ao final de uma palestra, por melhor que ela seja, abra para perguntas e calcule o percentual das pessoas que se manifesta. Não chegaremos a 5%! Talvez este seja o comportamento mais preocupante dessa nova geração, pois a cada dia os atos de julgar, criticar, inovar e decidir estão nas mãos de poucas pessoas. E quando ouço um líder dizer que o que mais lhe preocupa para o futuro é a falta de profissionais qualificados, constato que a maior desqualificação de todas é incapacidade crítica, a visão curta.

- **Iniciativa** – Nem todo comportamento da nova geração de profissionais é negativo, pelo contrário. Ouço constantemente elogios e vejo comportamentos dignos de reconhecimento. Infelizmente, a iniciativa está presente na minoria, mas quando esse comportamento se apresenta, é bonito de ver. Chega a emocionar ver os jovens organizando grandes eventos nos centros acadêmicos, enquanto outros não se dão nem ao trabalho de assistir às palestras. É incrível vê-los ficando após o evento para conversar com o palestrante, pedir dicas, tirar dúvidas, solicitar contato para conversar posteriormente, enfim, pensando no futuro. E certamente esse comportamento será revertido para as suas carreiras: eles se empenharão, aprenderão e, como consequência, crescerão pessoal e profissionalmente. E o que mais me admira nesse comportamento é a capacidade de fazer uma simples pergunta: "Por quê?" Uma pergunta simples, mas que abre inúmeras oportunidades para a evolução profissional.

A geração que pode transformar as empresas (e o Brasil)!

A melhor de todas as notícias ainda está por vir: temos uma geração ainda em formação, com a mente aberta para receber os ensinamentos necessários e seguir o caminho certo. O que estou querendo mostrar aqui é que jamais mudaremos aqueles que não desejam participar dessa transformação. Entretanto, muitos jovens estão dispostos a isso.

Portanto, qual é a solução?

Precisamos investir na educação das pessoas. Isso mesmo, na educação! Nós, líderes, precisamos compreender que estamos diante de um déficit educacional no Brasil. As escolas nunca foram tão precárias, logo, os jovens saem do ensino básico sem aprender o básico. As universidades formam técnicos sem qualquer noção de mercado e visão de carreira. Os pais, cada vez mais ausentes, terceirizaram a educação de seus filhos e, como consequência, os jovens chegam ao mercado cada vez menos preparados científica, profissional e moralmente.

Então, compreenda que o líder que não dedicar tempo e energia à educação das pessoas continuará reclamando e colhendo os frutos de uma gestão que não acompanha as mudanças. Eu me permitirei não entrar na discussão se educar é papel ou não do líder, mas não posso me furtar em dizer que, independentemente de você concordar ou não, educar as pessoas é uma atribuição que não se pode deixar de exercer com afinco.

O tempo que dedicar ensinando às pessoas sobre carreira, mercado, estratégia e resolução de problemas retornará a você como resultado. A energia que dispensar fazendo com que as pessoas participem das decisões será recompensada com o engajamento. Seu desprendimento em dar feedback, elogiar, reconhecer e conversar será valorizado com a evolução do seu time. Agora, se me perguntar qual é o maior de todos os ensinamentos que você pode trazer para as pessoas, eu elegeria um como primordial: valores. Quanto mais firmes estiverem os valores de uma pessoa, mais claros estarão para ela os motivos pelos quais vale a pena se entregar a um projeto, a uma empresa, e quão gratificante é lutar por alguma coisa que se acredita.

Além disso, é preciso que cada um – profissional e empresa – faça a sua parte. Todos têm uma enorme responsabilidade e uma grande oportunidade para transformar o cenário atual. No entanto, é preciso também dar um choque de gestão nas organizações e preparar a liderança para os novos tempos.

Deixe claras as oportunidades profissionais que a sua empresa oferece e apresente os caminhos para chegar lá: o desenvolvimento pessoal e profissional necessário, a formação requisitada, as atitudes e os resultados valorizados pela corporação. E seja muito transparente. Muitas vezes a sua empresa não oferece grandes chances de crescimento na hierarquia, mas pode proporcionar ao profissional uma grande bagagem de experiência. O que falta, na maioria das organizações, é uma comunicação transparente e, em muitos casos, simplesmente comunicação.

Crie um ambiente de aprendizado constante, que permita às pessoas pensarem "fora da caixa". Não discuta apenas os processos, ajude os profissionais a evoluir e pensar em mercado, clientes, estratégias, enfim, é preciso provocá-los para que ampliem a sua visão e enxerguem o mercado, tornando-os assim mais estrategistas e visionários.

Valorize a iniciativa, permita e reconheça a participação e, mais do que isso, permita o erro. Um ambiente de forte repreensão nunca deixará florescer a inovação e a atitude de ir além. Se quiser ter iniciativa sem erros, basta investir na formação das pessoas. Não tem segredo!

Por fim, precisamos de líderes com valores fortes e com um grande desejo de liderar de fato para que haja a tão sonhada transformação na sociedade. Os pais, as escolas, as universidades, as empresas, os meios de comunicação, todos têm papel fundamental nessa transformação. Aos que acreditam nessa transformação, cabe a dedicação na educação das pessoas, na transmissão e no fortalecimento dos valores que impulsionam a nossa sociedade. Aos que não acreditam, ao menos não atrapalhem subvertendo os valores por meio de comportamentos que denigrem o ser humano e exemplifiquem a sua falta de moral. Permitam que os jovens enxerguem a possibilidade de uma vida mais digna, justa e com um propósito muito claro: conquistar o sucesso contribuindo para um país verdadeiramente desenvolvido.

A era da reputação

"**N**ão trabalhe por uma empresa..." É com essa frase que inicio a minha palestra sobre "Carreira: a era da reputação". Uma frase que gera um misto de sensações no público: dúvida, frustração, indignação, medo etc. Sensações que são afloradas ao completar a frase: "...trabalhe pela sua carreira!".

Durante anos, muito se falou sobre empregabilidade, mas esse termo tem se tornado cada vez mais obsoleto. Uma tendência tem se mostrado inevitável nos últimos tempos: a evolução das relações de trabalho. Isso já é uma realidade e, no futuro, muitos profissionais não serão empregados formais; eles vão trabalhar dentro de uma rede de prestação de serviços, em uma relação que evoluirá de empregado-empregador para uma relação de parceria, em que os parâmetros serão claros e simples: a empresa oferece todos os recursos necessários para que o profissional consiga produzir com qualidade e eficiência e, por sua vez, o profissional garante resultados para a organização.

Face a isso, precisamos ter em mente que o investimento para tornar-se "empregável" não é o suficiente. Para construir uma carreira brilhante, é preciso investir naquilo que verdadeiramente irá torná-lo um profissional desejado pelas organizações: reputação.

Para falar sobre isso, quero enfatizar uma grande lição do coaching: só existe uma pessoa responsável pela sua reputação, você! Uma empresa pode não ter lhe dado a oportunidade de ser promovido, mas não pode, nunca, lhe tirar a capacidade de produzir resultados e construir uma imagem profissional íntegra e admirável. A decisão é sua! Empresas são geridas por pessoas e as pessoas falham, podem ser injustas, egoístas, distraídas, enfim, podem não lhe oportunizar tudo o que você merece. No entanto, sua reputação é gerida por você, logo a história profissional que construirá depende da sua decisão: como você quer ser visto e lembrado? Como um profissional medíocre, que passou e não realizou nada de impressionante, ou como um profissional que entregou resultados e deixou saudades? É a sua atitude que vai, pouco a pouco, construir sua reputação.

Então, eu lhe pergunto: qual é a sua reputação? Para ajudá-lo a responder, vamos recorrer a uma fórmula simples:

$$R = (TC + RC + EA + IV) \times IP$$

onde:

Reputação = (Tempo de carreira + Experiência adquirida + Resultados conquistados + Investimento em você) x Imagem pessoal

Analisando a fórmula, podemos chegar a algumas conclusões:

1. **Tempo de Carreira + Resultados conquistados + Experiência adquirida:** Estes três elementos precisam, obrigatoriamente, andar juntos. Tempo de carreira não é sinônimo de boa reputação profissional. A qualidade do tempo é mais importante do que a quantidade. Quais resultados você entregou? O que você aprendeu? Qual experiência adquiriu ao longo do tempo? Como essa experiência enriqueceu suas competências? Ter dez anos de experiência em uma profissão não garante que você seja muito bom no que faz. Vai depender das respostas às perguntas anteriores.

2. **Subir de cargo não depende de você, entregar resultados, sim:** Mais importante do que os cargos que você assumiu dentro de uma empresa são os resultados que conquistou. A empresa pode não lhe oportunizar crescer na hierarquia, porém sempre haverá oportunidade para você entregar resultados e construir sua reputação. É possível compreender um profissional que pode crescer na empresa, mas é inadmissível um profissional que não tenha entregado resultados.

3. **Investimento em você:** A pior coisa que um profissional pode fazer é terceirizar seu desenvolvimento para uma empresa. As pessoas precisam compreender, de uma vez por todas, que o plano de carreira desenhado por algumas empresas é um norteador das oportunidades que a empresa oferece, porém não substitui o investimento que o próprio profissional deve fazer em sua carreira. E mais uma dica, se a empresa lhe oferece um plano de desenvolvimento e você complementa esse aprendizado

do seu bolso, saiba que isso contribui e muito com a sua reputação.

4. **Imagem pessoal:** Nenhuma das opções anteriores valerá a pena se sua imagem pessoal não for preservada. Refiro-me à integridade, o único elemento em que não há meio-termo – ou você tem ou não tem! É por isso que em nossa fórmula a integridade multiplica e não soma, pois mesmo se você merecer nota 10 em todos os itens anteriores, mas se não tiver integridade, a matemática nos ensina que $10 \times 0 = 0$!

A base de uma carreira de sucesso é simples. Não é fácil, mas simples: entregue resultados, aprenda muito, invista em você e seja uma pessoa íntegra. Dessa forma, você estará construindo o que há de mais valoroso em sua vida: sua reputação.

Por fim, perceba que o mais interessante dessa fórmula é que todos os elementos dependem somente de você!

Qual é o seu "algo a mais"?

Permita-me ser muito sincero, como de costume. Apesar de vivermos atualmente a era das oportunidades, como afirmam muitos especialistas, ainda temos muitos profissionais fora do mercado – independentemente de eles possuírem diploma universitário, habilidades extraordinárias ou uma vasta experiência. Isso já não basta!

Vejo as organizações, não importa o segmento, escavando cada vez mais fundo o mercado para encontrar profissionais competentes para o seu quadro. Mas também vejo muitos profissionais lutando para agarrar uma grande oportunidade. Enfim, há espaço e profissionais sedentos por uma oportunidade.

Então, o que está acontecendo?

A questão, apesar de complexa, é de fácil conclusão. Nunca tivemos no Brasil tantos universitários como temos hoje. Acontece que as organizações não precisam apenas de pessoas estratégicas em seu quadro de colaboradores; necessitam também de pessoas que executem o trabalho. No entanto, quanto mais conhecimento uma pessoa adquire, menos ela se permite atuar em funções que não condizem, a seu ver, com o seu *status* profissional. Entretanto, é preciso compreender que não há espaço para todo mundo, ao menos nas funções que todo mundo deseja.

Existe solução?

Sim, mas nada confortável. É fato que uma universidade, por mais conceituada que seja, tem um limite de carga horária para formar seus alunos; logo, o conhecimento transmitido, volto a dizer, por melhor que seja, é limitado. Isso ocasiona profissionais tecnicamente muito parecidos, que necessitam desenvolver um "algo a mais" para se destacarem no mercado. Se você tem esse "algo a mais", conquistará as melhores oportunidades; se não tem, precisará desenvolver-se, e rapidamente, para alcançar a liderança que tanto deseja.

E o que é esse "algo a mais"?

Deixe-me apresentar alguns cenários:
- **Capacidade técnica acima da média** – Geralmente, é adquirida pela interação entre teoria e prática. Um profissional pode se destacar no mercado por ser brilhante nos fundamentos da sua profissão. Um engenheiro, por exemplo, tem uma grande possibilidade de despontar na profissão por conhecer profundamente a

ciência que envolve o seu trabalho. De nada adianta um engenheiro extremamente competente em relacionamento, se não souber, de fato, os segredos para a perfeita execução da sua atividade final. Dentro de uma empresa, um profissional da área financeira também pode se destacar muito por conhecer o movimento do mercado financeiro e, dessa forma, organizar e aumentar as riquezas da empresa. É importante enfatizar que aliar capacidade técnica à capacidade de relacionamento ajuda muito. Ninguém gosta de conviver com gênios indomáveis. Se você não faz questão de agradar, para conseguir êxito nos negócios precisará ser muito bom (mas muito mesmo!) para que as pessoas não se importem (muito) com isso.

- **Capacidade empreendedora** – Nem sempre um profissional precisa ser o mais genial – tecnicamente – do grupo, basta conseguir agregar as melhores cabeças. Muitos profissionais abdicam de suas áreas de formação para se dedicar à liderança e conseguem grandes resultados. São pessoas que descobriram uma grande aptidão para liderar pessoas e que se desenvolvem constantemente para isso. O mercado está aberto a pessoas que sejam estrategistas e que saibam engajar equipes para resultados. O mercado não precisa apenas de pessoas brilhantes tecnicamente, é fundamental também encontrar profissionais que saibam unir pessoas em prol de um objetivo, o empreendedor.

- **Capacidade de execução** – Eis um profissional extremamente desejado e fundamental para qualquer negócio. Precisamos de pessoas que façam acontecer, que arregacem as mangas e faça a roda girar. Uma capacidade técnica só vale a pena se pessoas executarem os processos desenvolvidos. Da mesma forma, se tivermos apenas profissionais estratégicos nas organizações, nada vai andar. Em uma área comercial, por exemplo, precisamos de quem pensa estrategicamente, mas precisamos, principalmente, daquele profissional que visita o cliente, negocia e fecha a venda. O profissional que tiver a capacidade da execução, com inteligência, é claro, colherá grandes resultados.

- **Capacidade estratégica** – Com a profissionalização das empresas, tornou-se muito importante a presença de profissionais com uma grande capacidade de analisar os cenários e pensar em longo prazo. Estamos falando da área de estratégia e planejamento. Uma capacidade nada simples, pois depende de um conjunto de habilidades, como visão sistêmica, obsessão por aprender e o desejo de manter-se antenado com o mundo e, principalmente, enorme facilidade de conectar as coisas. Estamos vivendo uma era de transformações econômicas, portanto, o profissional capaz de analisar e compreender o impacto dessas transformações na sua realidade é extremamente necessário e valorizado no mundo corporativo.

Analisando as capacidades apresentadas, você pode chegar a várias conclusões, destaco duas:
1. **Você se encaixou em alguma ou em mais de uma capacidade:** Parabéns, invista muita energia para potencializar, a cada dia mais, essa capacidade. Apenas uma dica: não despreze as demais capacidades, mas conscientize-se de que seu diferencial está naquela que você mais tem facilidade e paixão.
2. **Você não se encaixou em nenhuma delas:** Então, chegou a hora de tomar uma decisão e encontrar sua verdadeira aptidão. É importante enfatizar que sua verdadeira capacidade será revelada se você estiver na profissão certa e no lugar certo. Se você estuda

engenharia e não está se enquadrando na profissão, é muito provável que não se destacará pela capacidade técnica. A grande pergunta é: no que você é bom? O que você faz sem esforço? O que você deseja verdadeiramente fazer durante sua vida toda?

Há espaço para todo tipo de capacidade no mundo corporativo, desde que você seja brilhante naquilo que decidir fazer. Também terá espaço para os medianos, aliás, o mercado precisa de todos os perfis. Tudo vai depender da sua ambição, daquilo que verdadeiramente quer para a sua vida e carreira.

Finalizo este capítulo com uma pergunta e você poderá iniciar uma grande trajetória com sua decisão: **Qual é o seu "algo a mais"?**

Pilar do autoconhecimento

As decisões do líder como conhecedor de si

- Propósito
- Missão
- Metas
- Planejamento
- Valores
- Crenças
- Motivadores e sabotadores
- Emoções
- Você e suas competências

Pilar do autoconhecimento

Coaching aplicado para o seu desenvolvimento

Imagine um atleta de alto desempenho. Um atleta que domina com maestria as nuances da sua modalidade esportiva. Um atleta que conhece as práticas de treinamento para aperfeiçoar a sua atuação. Um atleta que experimentou fracasso, sucesso, dor, prazer, reconhecimento, frustração. Um atleta rodeado de técnicos e especialistas que contribuem para o seu desenvolvimento... Enfim, um atleta de alto nível.

Agora, imagine um atleta e um ser humano – uma única pessoa – que, independentemente de todo esse aparato, sente medo, dúvida, angústia, preocupação, cansaço. Um atleta que tem família, amigos, vida social, contas para pagar, sonhos a serem realizados.

Imagine também um ser humano que tem conflitos em sua vida e carreira. Um ser humano que ama, odeia, briga, sorri, chora, frustra-se, confia, engana-se, ganha, perde, enfim, um ser humano como você, como eu. Perceba então, que nesse momento somos todos iguais.

Não importa a força física, os recordes, os troféus, a fama, o dinheiro, o prestígio... Nada disso importa quando o assunto é o jogo interior.

É ele, o jogo interior, que determina o quão bem sucedido eu serei na vida, incluindo os negócios, a carreira e os relacionamentos. É o jogo interior, ou melhor, o meu domínio sobre ele que possibilitará alcançar a tão sonhada alta performance.

É aí que o coaching entra em ação, e o coach torna-se um grande aliado para compreender o que está além da performance – aliás, o que desencadeia um desempenho extraordinário.

O que faz um atleta estar em uma fase boa ou ruim? O que faz um jogador de futebol marcar muitos gols em uma temporada, com lances inimagináveis e na temporada seguinte, por maior que seja o seu esforço, a bola não entrar no gol? O que faz um lutador vencer luta após luta durante anos e ser derrotado consecutivamente mesmo estando em plena forma? A resposta pode estar na estratégia do time, no entrosamento, na força do outros lutadores, enfim, em fatores externos? Sim, claro! Mas existe uma explicação que poucos procuram e que vai além dos motivos que o atleta não controla. A questão é que preferimos "deixar rolar" e esperar a má fase passar, quando o que precisamos fazer é buscar aquilo que está em nossas mãos e mudar consideravelmente a nossa atuação, provocando assim uma transformação em todo o ambiente que me cerca.

Mas não se engane, a melhor fase para mergulhar em um processo de transformação é quando a fase esta boa. Portanto, guarde essa frase: quando tudo está bem, mude! É isso mesmo, quando as coisas estão em uma trajetória crescente, é esse momento que merece mais concentração, dedicação, energia, pois com os motores impulsionados as chances de ultrapassar a barreira do som é muito maior. Quando a fase está ruim, temos dois trabalhos: recuperar a autoconfiança e engrenar um desenvolvimento constante. Quando a fase é boa, a primeira etapa já está garantida! Mas, independentemente do momento, só existe uma coisa a fazer: foco total e irrevogável no desempenho, no detalhe, na minúcia do movimento, no insight que provocou a ginga perfeita.

Perceba que em nenhum momento eu falei sobre resultado, pois, definitivamente, ele não importa agora. Já sabemos o que queremos, então pensar nisso em demasia não vai ajudar em nada. Coloque toda a sua energia no desempenho. Não dispense um segundo do seu esforço no resultado, pois ele não pertence a você. Já o seu desempenho, sim.

Quando eu falo em desempenho, refiro-me a tudo que o afeta direta ou indiretamente, embora acredite que tudo

o atinge diretamente: a família, os negócios, a aceitação social, os relacionamentos, o ambiente em que está inserido...
Lembre-se: a sua energia é uma só. Logo, tudo que necessita de força física ou mental tira o foco da energia no desempenho.

Exatamente por isso que o coaching torna-se uma ferramenta indispensável para a alta performance, pois age em todas as frentes necessárias para uma atuação focada e eleva o pensamento a outro patamar:

1. **Visão de resultados** – pensar no resultado na hora certa é uma estratégia poderosíssima. Visualizar, sentir, avaliar ganhos, perdas, consequências de curto, médio e longo prazos. Tudo isso traz uma motivação importante para o processo. Portanto, defina o que você quer, deixe isso o mais claro possível e tenha a máxima certeza de que você chegará lá. Mas lembre-se da regra principal deste método: defina o resultado, esqueça-o e foque no desempenho.

2. **Congruência** – o resultado só vale a pena se alinhar-se com os valores que regem a sua existência. É importante navegar por todos os contextos que o cercam e chegar ao limite de sua compreensão e impacto nas emoções e atitudes. Aquilo que você deseja está de acordo com as coisas mais importantes da sua vida? Vale a pena todo o esforço e dedicação?

3. **Organização** – sem organização, não há alta performance. Uma vida desorganizada depende de muita energia para se manter ativa e próspera. A organização e o planejamento são essenciais para manter o nosso foco onde realmente deve estar.

4. **Feedback construtivo** – entrar em ação e experimentar cada etapa, analisando passo a passo, movimento por movimento e mudando tudo no tempo certo. O

segredo de todo processo está em encontrar o desempenho ideal, fortalecê-lo e continuar a sua plena e magistral aplicação. Os atletas de alto nível, por exemplo, tem o olhar no detalhe, na busca da perfeição do movimento, na repetição constante para alcançar a maestria. Sem essa análise constante, não existe alta performance.

5. **Celebrar** – vitória sem comemoração não é válida para o nosso sistema. Não importa como você fará isso, o importante é extravasar, deixar a alegria fluir, aceitar-se vencedor e merecedor do caminho percorrido e do pódio alcançado. Permita-se ser chamado de campeão!

Se você é um atleta de alto nível, sabe bem do que estou falando. Se você não é, pense como um e alcance os melhores resultados na carreira, nos negócios e na vida!

Vamos utilizar a metodologia de coaching para transitar pelo campo do autoconhecimento e da autogestão. Após passar por esse primeiro momento, você, além de conhecer os fatores que podem impulsioná-lo e limitá-lo na conquista dos seus objetivos, ainda mudará sua percepção e foco de atuação na gestão das pessoas para resultados.

Então, vamos ao coaching! Decida se entregar!

Nos próximos capítulos, trarei um pouco de ciência a nossa conversa, aliando teoria e prática. Dessa forma, vamos garantir que você verdadeiramente mergulhe na metodologia de coaching e usufrua ao máximo desta obra.

O que é coaching?

Para viver algo é preciso compreendê-lo. E como o coaching é a base deste livro, vamos mergulhar no conceito.

De maneira bem simples e direta, sem me ater a complexas, mas importantes, metodologias, vou explicar o que é coaching:

> **Coaching é uma metodologia de desenvolvimento humano que visa a potencializar as pessoas para resultados.**

Aprofundando um pouco mais a explicação, trata-se de uma ciência de desenvolvimento humano que desperta o melhor das pessoas e direciona essa força para os objetivos desejados, equilibrando as diversas áreas da vida, proporcionando um grande senso de realização pessoal e profissional.

O processo de coaching tem sido reconhecido mundialmente pelos seus resultados rápidos, eficientes e duradouros, pois não trabalha apenas a motivação, mas a transformação.

O coaching é um trabalho de alto impacto que traz à tona as atitudes necessárias para conquistar os resultados desejados e estabelece compromissos para mudanças comportamentais. O coach utiliza ferramentas e segue uma metodologia de eficácia comprovada para trazer respostas a diversos comportamentos que interferem na conquista de objetivos.

Compreendendo os termos

- **Coaching** – Metodologia.
- **Coach** – Profissional habilitado para aplicar a metodologia.
- **Coachee** – Pessoa que se submete ao processo de coaching – cliente.

Áreas de atuação do coaching

O coaching, por tratar-se de uma metodologia ampla e integral, transita por diversas áreas do desenvolvimento humano. Destaco algumas:

- **Executive coaching** – Ferramenta que permite a qualquer profissional aumentar seus resultados, maximizar desempenhos e minimizar os impactos da constante pressão do mundo corporativo. O coaching executivo é uma das vertentes mais utilizadas no processo de coaching devido a seu alto índice de desempenho em curto período.

- **Leader coaching** – Um leader coach possui amplo conhecimento sobre o ser humano e sabe motivá-lo em busca dos resultados organizacionais. Esta é uma ferramenta incrível para complementar o processo de coaching executivo, com técnicas apropriadas para uma brilhante atuação como líder.

- **Life coaching** – O coach acompanha o crescimento do cliente para dar suporte nas horas de dificuldade, faz com que ele atinja seu objetivo com o máximo de satisfação possível e deixe de lado os rótulos sociais, trabalhando única e exclusivamente com o que julga ser importante.

- **Career coaching** – Trata-se de uma nova maneira de planejar a vida profissional. Neste trabalho, o coachee reavalia seus valores e crenças relacionados à carreira e começa a moldar, por sua conta, novos valores alinhados à motivação pessoal, alavancando a sua carreira a partir de um olhar amplo sobre todas as áreas da vida.

- **Relationship coaching** – O objetivo é desenvolver um comportamento consciente, que propicie melhoras nos relacionamentos desejados. As melhoras atingem não só os relacionamentos específicos, mas todo o ciclo social do cliente, trazendo grande qualidade de vida em diversos níveis.

Como funciona?

Coaching é um processo individual que pode ser contratado por pessoas e empresas. Todos que possuem um objetivo e necessitam desenvolver-se podem contar com a contribuição de um coach. Quando iniciamos um processo de coaching, alguns passos devem ser respeitados:

1. Entrevista inicial com o contratante para definir os caminhos a seguir e as evidências de desenvolvimento. Esse processo é utilizado no coaching executivo – quando contratado por uma empresa para desenvolver seus profissionais.
2. Entrevista com o coachee para compreender suas expectativas e extrair seus principais objetivos com o processo de coaching, além de sanar todas as dúvidas sobre a metodologia.
3. Identificar, por meio de ferramentas de avaliação, as habilidades e os comportamentos necessários para o sucesso do coachee no alcance das metas.
4. Iniciar o processo de autoconhecimento com o coachee.
5. Apresentar um plano de ação e definir as metas de desenvolvimento.
6. Iniciar o desenvolvimento do cliente e acompanhá-lo constantemente, auxiliando-o no desenvolvimento de novas competências e garantindo que os resultados sejam evidentes.
7. Confirmar o progresso por meio de indicadores estabelecidos no início do processo.

O que desenvolvemos no processo

- **Autoconhecimento** – Encontrar as respostas para atitudes e comportamentos que impactam diretamente nos resultados. Ferramentas exclusivas de avaliação revelam elementos fundamentais para o verdadeiro desenvolvimento pessoal e profissional.

- **Autogestão** – Por meio do autoconhecimento, é possível assumir o controle da própria vida e carreira. A principal missão de um coach é permitir que as pessoas evoluam sem o auxílio de um coach. Que os aprendizados sejam suficientes para o seu caminhar.

- **Foco em resultados** – Definição do ponto B (aonde você quer chegar) – suas metas, propósito de vida, missão – e, por meio do autoconhecimento, analisar o ponto A (seu estado atual).

- **Coaching vertical** – No caminho entre o ponto A e o ponto B, encontraremos diversos elementos que deverão ser desenvolvidos para garantir que o alvo seja alcançado. É neste momento que atuamos na criação de novas habilidades, competências, comportamentos e atitudes.

Onde mais um coach pode atuar

O coach atua em todas as áreas da vida humana: pessoal, carreira, negócios, esportes e relacionamentos:

- **Autoconhecimento:**
  - Entender suas preferências comportamentais.
  - Perceber pontos fortes e pontos a serem melhorados.
  - Avaliar o nível de estresse e eliminá-lo.
  - Fazer uma autoavaliação do seu estado atual.

Pilar do autoconhecimento

- **Planejamento pessoal e profissional:**
  - Estabelecer metas e objetivos claros e alcançáveis.
  - Descobrir sua missão de vida e alinhar-se a ela.
  - Definir um futuro brilhante e um caminho até ele.
  - Desenhar um plano profissional e de carreira.
- **Recursos potencializados:**
  - Acessar estados emocionais poderosos.
  - Adquirir crenças de sucesso.
  - Entender os mecanismos da motivação e aumentá-la.
  - Aprimorar a confiança e a autoestima.
  - Fortalecer sua identidade, valores e crenças.
  - Tornar-se confiante e assertivo(a).
  - Adquirir habilidades de comunicação e relacionamento eficazes.
  - Ampliar sua capacidade de convencimento e negociação.
  - Desenvolver mediação e resolução de conflitos.
- **Eliminação de limitações e bloqueios:**
  - Aprender a lidar com emoções limitantes como o medo e a ansiedade.
  - Mudar hábitos e comportamentos indesejados.
  - Mudar crenças limitantes.
- **Congruência interna:**
  - Resolver conflitos internos.
  - Ser mais equilibrado(a) e otimista.
  - Priorizar valores internos.
  - Estabelecer harmonia interna.
  - Sentir-se bem consigo mesmo(a).

As oito premissas do coaching
Alexandre Prates

Muitas pessoas me questionam sobre o meu trabalho como coach. O que eu faço? Como ajudo meus clientes? O que ensino para eles? Perguntas aparentemente simples, mas difíceis de responder, pois o ineditismo de cada coachee torna o processo completamente particular e único.

Por isso, é impossível responder com exatidão o que eu faço. Mas se pudesse dizer algo para abranger meu trabalho como coach eu diria: faço as pessoas assumirem a responsabilidade! Assumir a responsabilidade por seus sonhos, metas, ações, enfim, tomar as rédeas da sua vida. Este é o início de tudo. Explico: se eu lhe perguntar agora: o que você precisa fazer para alcançar seus objetivos? Certamente a resposta virá! Se você deseja emagrecer dez quilos, sabe exatamente o que precisa fazer. Agora, se eu lhe questionar: por que ainda não fez o que precisa ser feito? Você também encontrará muitas desculpas (ou explicações, se assim preferir).

Meu trabalho como coach é fazer com que as pessoas compreendam que existe uma diferença básica naqueles que conquistam e naqueles que não conquistam os objetivos: fazer ou não fazer o que é necessário.

E essa relação entre fazer e não fazer está completamente ligada às crenças que regem a vida de cada um. Então, boa parte do meu trabalho também é instalar novas crenças para que efetivamente novos comportamentos sejam instalados. Afinal, nossas ações são provenientes do nosso pensamento.

E por acreditar nisso, sigo e ajudo as pessoas a seguirem oito premissas que regem a minha vida e meu processo de coaching. Vamos a elas:

1. **A energia empenhada para conquistar os melhores resultados da nossa vida é a mesma que deverá se manter presente para nos fortalecer em nossa caminhada.**

    A pessoa prepara-se, dedica-se, enfrenta as adversidades, supera os desafios e chega lá! Ao chegar, acomoda-se e não despende a mesma energia para continuar evoluindo. Os resultados não aparecem, o rendimento cai, a motivação diminui e o valor daquele profissional é questionado. Então, descobrimos que chegar lá (seja onde for) é só o primeiro passo, manter-se e evoluir é consequência dos próximos passos e da energia que você decidir empenhar nessa caminhada. Esse é o depoimento de quem já acompanhou muitas evoluções – e "involuções" também!

2. **A disciplina é o único atalho para o sucesso em qualquer área da vida.**

    As pessoas "fervem" de tanta consciência do que precisam fazer. Algumas entram em ação, o que já é um grande diferencial, mas que não garante o sucesso. O êxito está na capacidade de disciplinar-se rumo aos objetivos. Isso é autogestão! Jamais negocie com os sabotadores, eles geralmente ganham. Com os sabotadores só cabe a imposição! Se decidir fazer algo, faça! Os sabotadores logo abrem mão e se afastam.

3. **Definir em nós a evidência do nosso sucesso é a única maneira de encontrar a verdadeira felicidade.**

   Um dos fatores inibidores mais críticos do sucesso é a visão equivocada do real motivo de se conquistar algo. Uma pessoa, quando busca um objetivo porque deseja fama, frustra-se constantemente, pois coloca as evidências de sucesso na mão do outro. Embora eu não discuta os valores que movem as pessoas, percebo que influenciam (e muito) as conquistas. Quando uma pessoa busca perder peso porque quer impressionar outras ou conquistar alguém, novamente coloca as evidências nas mãos do outro. Imagine se alguma coisa der errado, se essa pessoa começar a namorar, vou jogar tudo para o alto porque o objetivo pelo qual eu fazia isso acabou? Não preciso buscar a fama, mas posso querer ser o melhor no que faço, destacar-me das outras pessoas, conquistar resultados extraordinários... Isso depende de mim! Ser famoso é consequência. Uma pessoa pode perder peso para ganhar qualidade de vida, ter mais disposição, viver mais e melhor... Isso depende apenas dela! Ficar mais bonita é consequência. Quando o propósito está claro e vale o esforço, a disciplina acontece com mais naturalidade. Quando o propósito está desconfigurado, nossas evidências são de curto prazo e os resultados não aparecem, eu me frustro e deixo de seguir em frente.

4. **A responsabilidade é sempre nossa.**

   Ninguém é responsável pelo sucesso ou fracasso alheio. Ninguém é responsável pela felicidade ou infelicidade do outro. Reclamar e lamentar não vai lhe ajudar. Assumir a responsabilidade e fazer o seu melhor, isso, sim, o levará a algum lugar! A escolha é sua!

5. **A pressa pode matar todos os seus objetivos.**

   A incapacidade de definir evidências reais e palpáveis de desenvolvimento nos remete ao imediatismo que tanto desmotiva o caminhar rumo à nossa meta. Maltratamos o corpo durante trinta anos e queremos resolver tudo em trinta dias. Ninguém emagrece vinte quilos pensando nesse total, mas, sim, imaginando o que precisa fazer hoje para emagrecer dois quilos por mês. Isto é foco! As pessoas confundem foco com meta. Meta é o que eu quero atingir, foco é o que preciso fazer hoje para alcançar a minha meta.

6. **Todo ganho traz uma perda.**

   Por mais insatisfeitos que estejamos ou por mais que queiramos alguma coisa, temos ganhos em permanecer no estado atual e não realizar nossos objetivos. Afinal, conquistar um objetivo requer novos comportamentos, e estes, por sua vez, nos obrigam a encarar o desconhecido. E, geralmente, preferimos permanecer na zona de conforto. Queremos os ganhos, mas não suportamos as perdas. Pergunte-se: o que eu perco para atingir meus objetivos?

7. Se você já chegou lá é porque parou de sonhar.
Nós crescemos à medida que nos desafiamos! Essa afirmação reforça o que verdadeiramente acredito sobre as pessoas que realizam: eles decolam na vida e na carreira, pois se permitem encarar novos desafios constantemente. Renovar nossos sonhos é vital para renovar nossas energias. As pessoas mais brilhantes que conheci na vida orgulham-se de suas conquistas, mas realizam-se querendo sempre mais.

8. Se você parou de sonhar, precisará de muito mais energia para se manter vivo.
O ser humano é movido por sonhos, desejos, propósitos... Quando não nos permitimos mais sonhar, nos limitamos apenas a sobreviver. E sobreviver dá muito mais trabalho.

Como sempre falo ao final das minhas palestras e treinamentos: não acredite em tudo o que eu digo, mas também não duvide de tudo. Meu processo de coaching foi baseado em minha experiência, não é nenhuma verdade absoluta, mas tem dado certo!

Espero que proporcione a você o mesmo que tem proporcionado à minha vida!

Perguntas frequentes
Desvendando o coaching

Atividade em franca expansão, o coaching, atualmente, é um dos serviços mais procurados pela área de recursos humanos. No entanto, o que de fato ele pode fazer pelas empresas? Seria apenas modismo, uma técnica já conhecida que ganhou um novo nome ou uma metodologia ainda recente, mas que promete trazer grandes resultados?

Como especialista no assunto, ajudo a esclarecer essas dúvidas.

Entrevista que concedi ao Portal RH – LG Sistemas

LG: Em que consiste a atividade de coaching?

Alexandre: Coaching é uma ciência. Mas, diferentemente de metodologias como a psicologia e a terapia, que tratam eventos passados, coaching não é uma ciência de cura. Ele é uma ciência de desenvolvimento, que trabalha baseada em presente e futuro. Ou seja, coaching é uma metodologia de desenvolvimento humano que visa levar as pessoas a uma melhor performance, na vida pessoal e profissional. Independentemente de o indivíduo ser um vendedor de sucesso, um executivo de sucesso ou um atleta de sucesso, a ideia do coaching é levar a pessoa desse patamar que ela está hoje para um patamar melhor. Acho que foi por isso que o coaching ganhou tanto mercado, porque não é só para pessoas de baixa performance. Vemos isso claramente nas diversas empresas em que atuamos. Muitas delas nos contratam porque determinado executivo não apresenta a performance que a empresa espera. Então, o coaching entra e leva essa pessoa a ter uma performance ideal. Em outros casos, o executivo já é uma pessoa de resultado, mas a empresa quer, por exemplo, que ele encontre um novo caminho, alcance novas metas etc. Então, utilizamos o coaching para que esse indivíduo desenvolva potenciais não explorados e alcance resultados ainda melhores. É por isso que grandes personalidades também utilizam coaches, como o ex-presidente Bill Clinton, o prêmio Nobel Al Gore, o tenista Andre Agassi, entre outros.

LG: Como surgiu o conceito de coaching no mercado?

Alexandre: Existem diversas versões sobre o surgimento do coaching. Não sei bem ao certo sobre o seu surgimento, mas sua difusão deu-se no mundo dos esportes. Um grande técnico de tênis, chamado Timothy Gallwey, começou a perceber que o que mais prejudicava os atletas não eram as técnicas de jogo, mas, sim, a forma como ele lidava com o seu jogo interior. Então, ele passou a trabalhar, além das habilidades técnicas, a constante batalha que todo atleta tem consigo mesmo, para que eles pudessem ter melhores resultados. Com a aplicação do novo método, os atletas começaram a desempenhar o seu jogo de uma maneira muito mais interessante. Essas análises levaram Gallwey a escrever o livro *O jogo interior do tênis*. Segundo ele, as pessoas possuem dois jogos: um interior e um exterior. Para você melhorar seu jogo exterior, você tem de estar muito bem com seu jogo interior. Mais tarde, ele levou os mesmos conceitos para o mundo corporativo, no livro chamado *O jogo interior do trabalho*.

Aos poucos, as organizações perceberam que o coaching poderia também invadir o mundo corporativo, algo que tomou uma força muito grande nos últimos quinze anos. Aqui no Brasil, a metodologia começou a se fortalecer no mundo corporativo de dez anos para cá, apesar de existir no país há mais tempo. A procura por formações em coaching aumenta a cada ano, o que nos leva a constatar que o mercado está pedindo muito esse profissional que começa a se capacitar para atender a essa demanda, que já é muito elevada.

LG: Avaliando esse mercado em crescimento, você acredita que já existe uma compreensão adequada em relação ao papel do coaching ou ainda existem certos equívocos sobre sua atuação?

Alexandre: O que eu percebo é que existe muita confusão com outras metodologias, como a psicologia, a terapia e a própria consultoria. Frequentemente somos chamados nas empresas para prestarmos serviço de consultoria. Mas o coaching não faz isso. Ele não trabalha com processos. Ou seja, não vamos entrar na empresa e dizer que seus processos estão errados. O que nós vamos fazer é trabalhar as pessoas para que elas possam executar perfeitamente os processos da empresa. O coaching trabalha o ser humano. A ideia é potencializar as pessoas pra que elas possam potencializar os resultados da empresa.

Outra confusão bastante comum é quando nos contratam para uma metodologia que chamamos de life coaching, ou seja, "coaching para a vida". Muitas pessoas contratam o coaching e logo na primeira sessão percebem que não é exatamente o que esperavam. Isso acontece porque elas entram no meu escritório procurando um divã. E não há razão para isso. O coaching é um trabalho de alto impacto e tem um método muito rápido, baseado em pergunta e resposta, que faz a pessoa tomar uma decisão em curto prazo, para que ela possa alcançar resultados de médio e longo prazos. Então, na maioria das vezes, o coach não vai perguntar para a pessoa: "Qual é o seu problema?" Nossa tarefa não é corrigir problemas. Nossa pergunta é: "Qual é o seu objetivo?" A partir disso, definimos um plano.

Outro grande problema é que muitas empresas nos contratam, mas não sabem por que estão nos contratando. Às vezes adotam o coaching como a última solução da empresa. E esse é o pior erro que pode ser cometido em relação ao coaching, porque ele não pode salvar ninguém. O que nós podemos fazer é potencializar pessoas. Mas, se os processos internos estiverem errados, o trabalho gera pouco resultado. Por isso, sempre dizemos que antes de contratar um coaching, talvez a empresa precise de uma consultoria especializada, porque de nada adianta eu potencializar pessoas se internamente a empresa não estiver funcionando. Isso é um ponto fundamental. O coaching só entra quando os objetivos da empresa estão claros.

LG: Então, o coaching não pode ser aplicado em qualquer empresa?

Alexandre: Há o momento certo para isso. Você pode potencializar pessoas em qualquer momento. Mas, para que seu investimento dê retorno, o melhor é quando a "casa está arrumada". Tenho, por exemplo, grandes parceiros que trabalham com planejamento estratégico. Eles entram nas empresas, fazem todo o trabalho de planejamento estratégico e eu entro depois. Minha função é trabalhar o comprometimento das pessoas, para que elas consigam atuar dentro desse planejamento estratégico. Por isso, acredito que o coaching serve para todas as empresas, mas existe um momento certo para isso. Às vezes, você vai ter de entrar com outro processo primeiro. Já fiz essa indicação diversas vezes, inclusive. Quando percebo que outras áreas da empresa precisam ser trabalhadas antes, recomendo que procurem outro serviço primeiro. Alguns até me perguntam: "Então você perde clientes?" Respondo que não. Na verdade, eu ganho. Só não tenho esse cliente agora, mas daqui a cinco, seis meses, é bem provável que eu seja chamado novamente.

LG: De quem é a responsabilidade do coaching? É do RH, do líder da equipe, do presidente da empresa ou do próprio profissional que está recebendo orientação e treinamento?

Alexandre: Para o coaching, sempre definimos um contratante. Isso é muito importante porque é o contratante quem responde pelo processo. Geralmente, nós entramos pelo RH. Mas, vamos imaginar que o RH também será desenvolvido no processo de coaching. Então, meu contratante é a direção. Se eu tenho um projeto para o desenvolvimento da equipe de vendas, por exemplo, meu contratante pode ser o gestor de vendas e também pode ser o RH. Agora, se o gestor de vendas também vai passar pelo processo de coaching, então é o RH meu contratante, a quem eu apresento os resultados. Portanto, é sempre definido na empresa um contratante, mas não existe uma pessoa específica, depende do projeto e de quem está contratando. Mas, independentemente de quem esteja à frente, a direção da empresa sempre tem de estar a par do processo de coaching. Senão, pode acontecer de você fazer um trabalho muito forte com a base, mas o topo da pirâmide destruir esse trabalho porque não está tão alinhado com o processo desenvolvido. É por isso que trabalhamos bastante com o conceito de leader coach nas empresas, voltado para os gestores, para que eles entendam a metodologia e, assim, possam acompanhar as pessoas.

LG: É possível um profissional alavancar sua carreira através do processo de coaching se ele não aplicar os mesmos princípios nem tiver objetivos e metas definidos em sua vida pessoal?

Alexandre: Olha, durante muito tempo, acreditei que sim, quando eu era executivo. Mas quando passei a trabalhar com coaching, constatei que não. É por isso que a metodologia coaching é integral e envolve todas as áreas da vida. O problema é que muitas empresas, por não conhecerem profundamente o processo de coaching, acabam pedindo para trabalharmos apenas a parte profissional. Mas, se você não trabalha a parte pessoal, está faltando alguma coisa. Então, hoje, quando você fala de coaching integral, fala do lado profissional, pessoal, espiritual, social etc. Nós acabamos aliando todas as áreas porque é esse conjunto que traz o que chamamos de alta performance. Não adianta a pessoa ter apenas alta performance profissional. Uma hora ou outra o lado pessoal dela vai puxar essa performance para baixo, porque nós somos um só. Por mais que queiramos, não conseguimos entrar na empresa e deixar os problemas do lado de fora. Podemos até esquecer, talvez, por termos uma rotina intensa, competitiva, mas inevitavelmente os problemas estão lá. Então, se você aprende os conceitos de coaching na vida profissional e consegue levar isso para vida pessoal, automaticamente, você tem uma vida mais plena, mais completa, e esses resultados se traduzem de uma maneira muito mais intensa. Por isso, não acredito que dê para separar as duas coisas. Já vi grandes profissionais que, quando começamos o processo de coaching, eram muito bem-sucedidos, tinham a equipe na mão, faziam um trabalho focado em resultados, trabalhavam de forma planejada e tinham uma excelente gestão de tempo. Bastou trabalharmos a qualidade de vida desses profissionais para que os seus resultados aumentassem consideravelmente. Essa é a integralidade do processo.

LG: Mas, então, como o coaching atua na vida pessoal sem entrar no ramo da psicologia?

Alexandre: Na verdade, é exatamente este o ponto. Nós não vamos trabalhar aquilo que já aconteceu com a pessoa, aquilo que é passado. Vamos trabalhar metas. Então, hoje, por exemplo, se a pessoa olha sua vida e percebe que o lado social está ruim, não vou tentar identificar o que aconteceu no passado que causou isso. Vou trabalhar o seguinte: "O que você quer para a sua vida social?" Às vezes, essa pessoa quer ter mais tempo para os amigos, para a família etc. Então, nós vamos definir isso como uma meta e vamos traçar um caminho para alcançá-la. Agora, é claro, sempre falamos que não concorremos nem com psicólogos nem com terapeutas. Se, realmente, essa dificuldade que a pessoa enfrenta tem a ver com algum trauma do passado, indicamos que ela procure uma terapia e busque solucionar isso. Mas se for apenas falta de gestão de tempo, falta de iniciativa etc., vamos traçar uma meta e vamos segui-la. O coaching trabalha sempre com metas. Ou seja, identificamos como você está hoje e definimos onde você quer chegar – que é um conceito que chamamos de "eu percebido *versus* eu desejado". Este é o foco de atuação do coaching.

LG: O que, em sua opinião, mais impede a pessoa de aproveitar o máximo de seu potencial, que faz com que ela necessite do coaching?

Alexandre: Particularmente, acredito que existam três pontos que mais prejudicam uma pessoa. O primeiro é a falta de foco – não conseguir pensar em longo prazo e participar hoje para conseguir o que deseja. Isso faz com que se tenha uma visão muito imediatista das coisas.

E uma visão imediatista leva a comportamentos imediatistas, que, muitas vezes, não são de alta performance. Se não tenho uma visão de futuro, acabo deixando de cuidar de coisas que realmente importam. Só quem tem o foco muito claro de onde quer chegar, o que quer ser, quais são seus propósitos é que consegue enxergar de forma clara o que deve fazer ou deixar de fazer para alcançar seus objetivos.

A segunda coisa são nossos recursos, que envolvem nossas habilidades, nossos talentos. Poucas pessoas sabem ao certo quais são seus pontos fortes e conhecê-los é fundamental, pois é o que vai diferenciar a pessoa dos outros profissionais e levá-la a ter o futuro que deseja. Ninguém alcança o sucesso sendo bom em tudo. Nós alcançamos o sucesso quando somos espetaculares em alguma coisa. Então, quando conseguimos descobrir essa força, trabalhamos os recursos a nosso favor. O problema é que grande parte das pessoas não conhece seu verdadeiro potencial. É por isso que, normalmente, as primeiras sessões de coaching são voltadas para alcançar esse autoconhecimento.

O terceiro ponto é o pensamento. O que mais prejudica os profissionais atualmente é não conseguir explorar sua inteligência emocional e trabalhar suas atitudes para ter comportamentos produtivos. Então, quando conseguimos trabalhar esses três pontos – visão de futuro (foco), recursos (autoconhecimento) e pensamento (questões emocionais) –, temos um profissional mais completo, que realmente consegue atingir a alta performance.

LG: Como você enxerga a atividade de coaching, hoje, no Brasil? Em um texto publicado recentemente, José Augusto Minarelli dizia que no passado o executivo perdia o emprego e virava consultor. Hoje em dia, o executivo perde o emprego e vira coach. Existe mesmo essa indústria do coaching?

Alexandre: Existe sim, como em toda profissão. O coaching não é uma profissão regulamentada. Então, qualquer um pode ser coach, assim como qualquer um pode falar que é consultor, palestrante etc. A grande questão é a maneira como você vai avaliar se esse profissional realmente tem a capacidade de ser um bom coach. Quando você quer contratar um palestrante, o mínimo que pode fazer é olhar o site dele para ver depoimentos, saber quais são as empresas onde ele já trabalhou, ligar para três ou quatro empresas com quem ele fez algum evento, pegar alguma referência etc. Quando você contratar um coach, da mesma forma, procure no site quais foram os clientes, os resultados que ele já teve, ligue para alguns desses clientes e, algo muito importante, procure saber a formação desse profissional como coach. Temos instituições sérias no Brasil. Portanto, se quer um profissional que tenha qualificação, ele tem de ser treinado por uma grande instituição, além de ter realizado trabalhos em outras empresas e ter alcançado resultados positivos, ter cases de sucesso para mostrar etc. Também é fundamental que esse profissional tenha vivência no mundo corporativo. Não acredito que um profissional que tenha se formado em coaching, mas não tenha trabalhado em lugar algum, apresente condições de ser um bom coach executivo.

Então, um bom coach executivo, tem de ter experiência no mundo corporativo. Do contrário, ele não vai conseguir discutir de igual para igual com o gestor, com a equipe. Portanto, que a indústria existe, existe. Mas cabe a cada pessoa que contratar o serviço fazer um bom filtro. Acho que é nesse momento que você consegue encontrar os melhores profissionais.

LG: Independentemente de eu contratar um coach externo, posso estabelecer uma cultura de coaching internamente? Se sim, como isso é possível?

Alexandre: Pode e deve, é claro. Bom, não acredito em coach interno. O coaching trabalha muito com a verdade, ou seja, aquilo que você me fala é o que eu vou acreditar que é. Não trabalhamos com interpretação. Então, quando você tem um coach interno, muitas vezes as pessoas não vão ter a confiança de se abrir, de falar as coisas da melhor maneira possível. Por isso, sou a favor do coach externo. Mas, para que o processo de coaching seja bem-sucedido, é fundamental que você trabalhe a cultura de coaching dentro da organização. E o primeiro passo para isso é desenvolver a liderança. Não existe uma cultura de coaching de baixo para cima, é preciso que a liderança inicie esse processo, exercendo o que chamamos de coaching informal. Uma vez que o líder consegue estabelecer uma cultura voltada para resultados, fornecendo bons feedbacks que levam ao desenvolvimento, fazendo a equipe trabalhar com metas, descobrindo o que motiva e o que sabota a pessoa etc., naturalmente ele está dando a sustentação necessária para que a cultura de coaching seja instalada na empresa. Segundo Jack Welch, um dos maiores CEOs do mundo, no futuro todos os líderes serão coaches, e quem não se adequar a essa realidade será descartado pelo mercado.

É impossível discordar disso, pois o leader coach, ou seja, o líder que conhece e atua como um coach, tem uma característica fundamental: ele conhece o ser humano. E esta é a habilidade primordial para o líder do futuro. E somente esse líder pode criar uma cultura de coaching, baseada em desenvolvimento contínuo, desafios constantes e foco em resultados.

LG: O custo é muito alto? Qual é o retorno do investimento?

Alexandre: Anualmente as empresas investem cerca 200 bilhões de dólares em treinamentos (fonte: State of the Industry Report) e pesquisas mostram que somente 10% das pessoas realmente aproveitam o desenvolvimento ao máximo. Isso é um investimento muito alto! O retorno não compensa o investimento. E por que os treinamentos falham? Simplesmente porque não atendem o ser humano como o principal elemento do processo. As pessoas são diferentes e precisam de um desenvolvimento personalizado. E isso é muito difícil de ocorrer em um treinamento. O coaching garante um desenvolvimento personalizado, com foco nas necessidades individuais. Não estou aqui dizendo que as empresas não devem contratar treinamentos, pelo contrário, mas o que digo é que devemos integrar aos treinamentos o processo de coaching, para garantir efetivamente os resultados. Respondendo à pergunta: não é um investimento alto! Quanto ao retorno, os resultados apresentados falam por si.

LG: Como faço para medir resultados do processo de Coaching?

Alexandre: É fundamental definir, na contratação, as evidências de desenvolvimento, ou seja, os indicadores que estabelecerão os resultados desejados com o processo de coaching. Esses indicadores poderão ser definidos por meio de uma análise 360° e os resultados devem ser mensurados constantemente para garantir que o resultado final seja satisfatório.

Mitos do coaching

> *Um coach não se forma com meia dúzia de aulas e dicas: é preciso passar por um treinamento vivencial e reuniões de troca de experiência com coaches mais tarimbados.*
>
> João Mendes de Almeida[1]

Em passeio por uma aprazível cidade turística do litoral brasileiro, fui surpreendido por um outdoor com o seguinte apelo, em letras garrafais: "Seja um coach" Logo abaixo da frase, as indicações de uma entidade de formação de coaches. Adiante, outro cartaz recomendava: "Tenha um coach" E concluía, em letras menores: "Desenvolva seu potencial"

Não tenho a menor ideia de que organizações são essas, nem tenho a intenção de criticá-las. Podem ser dirigidas

---

[1] João Mendes de Almeida é psicólogo e sócio da consultoria Vicky Bloch Associados. Pós-graduado em Psicologia Social pela PUC-SP, onde foi professor, leciona atualmente no MBA de RH da Fundação Instituto de Administração (FIA), onde é responsável pelo módulo de Planejamento Individual de Carreira. Foi um dos pioneiros da introdução do Executive Coaching no Brasil, a partir de 1994, atuando pela DBM Brasil, onde desenvolveu a metodologia utilizada nos escritórios da empresa na América Latina. É autor do livro *Produtividade x Participação*.

por gente séria e bem-intencionada, mas esse fato demonstra como o conceito de coaching se universalizou. Ou, pelo menos, o que se entende como coaching. E esse entendimento, muitas vezes, é superficial, quando não totalmente equivocado.

Um coach não se forma com meia dúzia de aulas e dicas. Recentemente, um jornal de negócios divulgou um curso de coaching para pequenas empresas, que consiste em um dia de treinamento, com técnicas de "simulação das situações típicas do dia a dia" de uma empresa. A julgar pelos depoimentos publicados, deve ter sido uma experiência interessante e eficaz, mas chamar esse tipo de treinamento de coaching não me parece adequado.

Quando se trata da formação de um coach profissional, o processo é mais complexo. Um programa completo deve exigir muitas horas de supervisão e de prática em atendimentos. Além disso, é necessário estudar a fundo a estrutura conceitual e passar por treinamento vivencial, assim como reuniões para compartilhar experiências com coaches mais tarimbados.

Da mesma forma que ser um coach não é tão simples quanto parece, o conceito e a finalidade do coaching para as empresas e para os indivíduos também estão sujeitos a mitos, que apresentamos a seguir:

- **Mito 1: O coaching não precisa de um método estruturado, pois depende fundamentalmente da competência do coach.**

  Esse é um dos equívocos mais comuns no mercado atualmente. Muitos consultores e executivos acham que, por lidar com pessoas e conhecer bem a organização, também podem se tornar bons coaches. Não é bem assim, como vimos na introdução deste capítulo.

  É preciso diferenciar os seguintes papéis: o coaching executivo (aplicado por um especialista contratado pela empresa), o coaching funcional (que é um dos papéis de todo chefe) e o coaching informal (que é a orientação profissional do dia a dia).

É evidente que o papel do coach é importante, mas sem uma metodologia e sem estrutura passa a ser algo pouco efetivo.

- **Mito 2: O coaching visa mais à qualidade de vida do profissional que a melhoria de performance.**

Ainda que no processo de coaching a qualidade de vida seja um aspecto importante – no sentido de buscar o equilíbrio entre carreira e vida pessoal, ou combater as causas de estresse – o principal foco dessa ferramenta é, sem dúvida, o desenvolvimento do profissional, tendo como objetivo maior a melhoria de performance e o aprimoramento de suas competências.

- **Mito 3: Todo processo de coaching, no fundo, é para resolver problemas.**

Essa ideia equivocada é uma das grandes causas da resistência de muitas pessoas nas organizações a aceitar e se comprometer com um processo de coaching.

Coaching é um processo típico de desenvolvimento, portanto, não é necessário haver um problema ou uma deficiência para se indicar o método. Por exemplo, um excelente momento para utilizar o processo de coaching se dá em casos de promoção do profissional para um posto mais abrangente e desafiador – uma ótima oportunidade para rever seu papel e as competências que serão mais exigidas.

- **Mito 4: Bons profissionais não precisam passar por coaching.**

Ao contrário, quem mais deveria se beneficiar desse processo são os considerados talentos da organização. É especialmente para pessoas que demonstram potencial e comprometimento que a empresa deveria oferecer um processo de coaching, dentre outros recursos para o desenvolvimento de sua liderança.

- **Mito 5: Coaching é uma "última chance".**

Nada mais errado que isso. Acreditar que o coaching é um método de reabilitação tem levado muita gente a indicá-lo a qualquer pessoa que apresente algum problema de comportamento, como se essa fosse uma panaceia, um remédio para todos os males.

Se a pessoa está infeliz em sua função, se não concorda com a filosofia da empresa, se não consegue manter um bom relacionamento com seu chefe, se não está se "enquadrando" nas normas, se reclama de tudo, se não mostra melhorias ou mudanças de atitude, apesar de todos os avisos e sinais, não é o coaching, por si, que mudará a situação.

Parece que, em muitos casos, se abdica do bom-senso e não se ataca o problema de frente. Muitas vezes, o problema está na falta de feedback, na falta de clareza das políticas e diretrizes da organização e não necessariamente no indivíduo. Se o caso é para demissão, não se deve recorrer ao coaching.

Da mesma forma, o coaching não pode servir de bode expiatório. Algumas empresas "usam" o processo de coaching para justificar uma demissão, como se dissessem "tentamos, mas não tem jeito". Vale lembrar que as recomendações do coaching são confidenciais e só podem ser divulgadas ao profissional atendido e a quem ele permitir. Por isso, o especialista em coaching (ou coach externo) deve ter clareza do objetivo de sua contratação. Se não for para o desenvolvimento do executivo, mas apenas ratificar uma demissão, melhor não aceitar a tarefa.

- **Mito 6: Qualquer pessoa com experiência gerencial pode ser um bom profissional de coaching.**

  Aqui há uma confusão entre o que chamamos de coaching executivo – atividade especializada de um profissional externo – e o papel de coach natural que cabe a um líder ou a um gestor.

  Mesmo na função de chefia, são poucos os que efetivamente exercem ou procuram exercer esse papel. "Evidentemente, é possível que grandes líderes sejam bons coaches, mas nós vemos que apenas ocasionalmente isso acontece. O mais típico são líderes semelhantes a Steve Jobs, cujas forças distintivas repousam em sua habilidade de instigar outros através de sua visão mais do que por meio de seus talentos como coach", já escreveram Robert Goffee, da London Business School, e Gareth Jones, diretor de RH da BBC (*Harvard Business Review*, set./out. 2000).

  Já um coach profissional deveria apresentar as seguintes características: experiência comprovada na gestão de pessoas (saber lidar com gente); vivência em organizações (entender o funcionamento, a linguagem e a cultura); e senioridade (pessoas muito jovens, por mais bem preparadas que sejam, ainda não têm maturidade suficiente para orientar o desenvolvimento de outras, no nível exigido pelo coaching). Também é importante para o coach contar com habilidades básicas como saber ouvir, saber fazer perguntas, ser imparcial, ser um educador etc.

- **Mito 7: É muito difícil quantificar os resultados dos processos de coaching.**

  Isso só é verdade quando uma empresa contrata um processo de coaching sem saber especificar os resultados esperados. Já atendi altos executivos, indicados por

Pilar do autoconhecimento

seus superiores, que chegaram a mim sem a menor noção sobre os motivos que os levavam a esse atendimento.

Ou seja, se antes de iniciar o processo de coaching ficarem claras as expectativas, a medição dos resultados não será difícil.

Em suma, o coaching se ressente dos mesmos problemas encontrados para aferir resultados de treinamento – nos dois casos, muitas vezes, não se sabe muito bem por que aquilo é feito.

Ainda que o resultado esperado seja de natureza qualitativa, pode perfeitamente ser medido com algumas medidas simples, como comparar a situação anterior do profissional à posterior; aplicar avaliação 360° antes e depois ou recolher feedbacks ao início e após o desenvolvimento.

Realmente, coaching sem medição de resultados pode ficar parecendo terapia (nada contra terapias, mas aqui a finalidade é outra). Muito da imagem negativa do coaching vem dessa falta de aferição.

- **Mito 8: Como o responsável por um bom resultado do coaching é o próprio profissional atendido, não é necessária a participação de seu chefe no processo.**

Embora poucos admitam, esse é o mito mais comum. Normalmente, os chefes "mandam" um subordinado para o processo de coaching e ficam esperando os resultados. É mais ou menos como levar um filho ao médico e ficar esperando a "cura".

O papel natural de coach dentro da organização cabe ao líder, ao chefe, que no dia a dia deve estimular e dar condições para que os subordinados se desenvolvam.

O feedback constante não é só uma obrigação do chefe, como também é uma ferramenta importante que ele tem em mãos para contribuir no desenvolvimento de sua equipe.

Importante: o trabalho de um coach externo, por mais bem estruturado que seja, não substitui o papel de coach de cada líder em relação à sua equipe.

- **Mito 9: Coaching é coisa de psicólogo.**

Aqui a confusão é grande, pois, para muita gente, o coaching está muito próximo de uma terapia – manda-se para lá quem tem problemas; afinal, é um atendimento individualizado e também confidencial, entre outras semelhanças dessas atividades.

Ainda que se possa dizer que um processo de coaching efetivo tenha um "efeito terapêutico", estamos falando de métodos completamente diferentes. Mais uma vez, o foco do coaching executivo está nas atividades profissionais, e não nos problemas pessoais, dramas ou traumas do indivíduo.

Isso não significa que, no processo de coaching, não se lide com os problemas pessoais. Mas a forma de lidar e o tratamento são totalmente distintos.

No coaching, a história pessoal e profissional, o perfil de personalidade, o grau de autoconhecimento, o momento de vida e as perspectivas de carreira são a base para gerar comprometimento e consciência de quais são os recursos para alcançar os resultados esperados.

- **Mito 10: Coaching faz milagres!**

Ainda que nem sempre explicitado, esse mito é percebido quando se procura o coaching para resolver qualquer problema, de qualquer natureza.

Esse mito também decorre da crença de que o coaching, por si, pode resolver o problema e nem o indivíduo nem sua hierarquia precisam fazer grande esforço. A expectativa é de que o coach "resolva".

- **Mito 11: Coaching é só mais um modismo.**
O termo "coaching" está na moda, sim, e quem dele faz uso inadequado será aos poucos identificado pelo mercado, certamente. Mas a metodologia do coaching é bem anterior ao modismo da palavra. O Brasil conta com alguns bons profissionais, capacitados para aplicar esta ferramenta de modo estruturado e entregar os resultados esperados.

Estrutura detalhada do processo de coaching

Neste livro, você encontrará diversas estruturas e ferramentas para facilitar a aplicação do processo no seu cotidiano. Vou iniciar este primeiro pilar com a estrutura do processo de coaching. A partir do segundo pilar, apresentarei a estrutura do processo de coaching para líderes. Você notará que a essência é a mesma, o que muda é o direcionamento da metodologia para os objetivos da organização.

Gosto de dividir a metodologia de coaching em duas partes: coaching horizontal e coaching vertical.

Coaching horizontal

O coaching horizontal é a primeira etapa. É quando o coach faz a pergunta-chave para o coachee: "Qual é o seu objetivo?" Nesse momento, se pudéssemos representar graficamente o que acontece na cabeça do coach, surgiria uma linha cujas extremidades seriam chamadas de A e B, representando onde o coachee está e aonde quer chegar. A partir daí, inicia-se o processo de coaching, que traz à tona todos os elementos necessários para alcançar o tão desejado ponto B.

Coaching vertical

Costumo dizer que o coaching horizontal é a parte leve do coaching, pois até então estamos falando daquilo que desejamos, de onde queremos chegar e de todos os ganhos relacionados à conquista dos objetivos. Saber o que queremos e o que precisamos fazer para chegar lá não é difícil; o desafio está em entrar em ação e, principalmente, manter o foco necessário para que o objetivo seja verdadeiramente alcançado. Estamos falando aqui das crenças limitantes, dos sabotadores internos e externos e das emoções negativas que interferem nessa trajetória, prejudicando os resultados.

O desafio do processo de coaching

Ajudar o coachee a ultrapassar as barreiras e manter-se firme no caminho necessário para alcançar seus objetivos pessoais e profissionais é o principal desafio do processo.

Estrutura detalhada do processo de coaching

Pilar do autoconhecimento

Coaching horizontal – compreendendo o nosso sistema de definição de objetivos

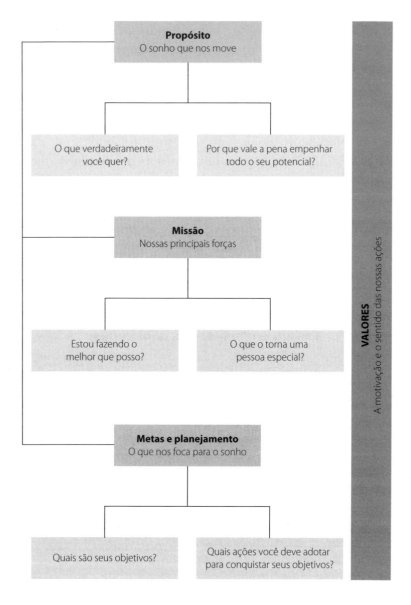

Coaching horizontal – conhecendo os elementos

1. Propósito – Por que vale a pena?

Imagine que você foi convidado para disputar uma maratona dentro de alguns meses. Porém existe um detalhe: não lhe informaram quantos quilômetros deverá percorrer, o tempo médio que deverá alcançar, nem o prêmio que irá receber. O que provavelmente acontecerá?

1. Como será o seu treino? Quanto você terá de se esforçar? Talvez treine para correr uma maratona, ou seja, 42 quilômetros, o que vai lhe dar bastante fôlego, mas não a velocidade necessária para uma corrida de 15 quilômetros.
2. Como será seu desempenho na competição? Qual estratégia irá adotar? Correr rápido ou um pouco mais lento? Vai poupar no início ou garantir um bom posicionamento logo na largada?
3. Como será sua motivação? Por que vale a pena se esforçar? Por que vale a pena treinar? Por que vale a pena empenhar todo o seu potencial? Provavelmente você não terá um bom desempenho, mas por quê? Falta de talento? Você não possui as habilidades necessárias para ser um atleta? Você não tem potencial para isso? Talvez possa até faltar algum talento ou habilidade para tal feito, mas este não é o principal elemento, pois habilidades podemos adquirir, então qual é o segredo para se conquistar a tão sonhada alta performance?

No exemplo que citei, fica claro que se soubesse o desafio e recompensa que lhe esperam, você se desenvolveria da maneira correta e teria uma postura diferente na competição. Este é o grande segredo! O propósito nos proporciona enxergar um motivo para que valha a pena todo o nosso esforço. Quando você encontra uma direção, é como se trilhasse uma linha rumo ao futuro e pudesse projetar todas as etapas para alcançar seus objetivos. E, mais importante do que isso, você verá sentido em percorrer todas as etapas.

Caso – o poder do propósito

Fui contratado por um empresário bem-sucedido, inclusive vencedor de um reality show bem conhecido. Ele assistiu a uma palestra minha e ficou muito curioso em saber como o coaching poderia ajudá-lo a conquistar seus objetivos.

Em nossa primeira sessão, fiz a pergunta fundamental do processo de coaching: "Qual é o seu objetivo?" Sem pestanejar, ele me respondeu: "Não nasci para ser milionário, e, sim, bilionário!" Aparentemente, ele tinha completa clareza do que verdadeiramente queria para a sua vida. Mas, como coach, jamais posso me contentar com essa resposta, preciso me certificar se realmente vale a pena viver pelo que ele deseja.

As pessoas geralmente procuram um coach para alcançar determinado objetivo, mas durante o processo são presenteadas com uma simples pergunta: "Por que atingir esse objetivo é importante para você?" Essa pergunta tem um poder incrível, pois traz à tona o elemento mais importante para que valha a pena empenhar todo o nosso potencial: o propósito.

Foi então que fiz a pergunta certa: "Por que ser bilionário é importante para você?" Novamente, ele me respondeu com a velocidade de quem sabe o que quer: "Quero construir grandes projetos que façam a diferença na vida das pessoas." Perceba o que compreendi nessa frase; pare por alguns segundos e reflita: o que ele verdadeiramente quer?

O propósito estava se apresentando diferente do que ele havia me falado anteriormente, logo, eu precisava provocá-lo a pensar mais sobre os seus objetivos. E lá foi outra pergunta: "Se você não conseguir se tornar um bilionário, vai se sentir uma pessoa frustrada?" Ele pensou por alguns instantes e me disse: "Acho que não... desde que eu consiga realizar meus projetos." E como ele levantou a bola, tive de chutar: "E se você se tornar um bilionário, mas seus projetos não contribuírem para a sociedade, ainda assim vale a pena?" Ele respondeu rapidamente: "Não, com certeza não!" Assim, dei o golpe de misericórdia: "Então me diga, qual é o seu propósito?" Ele sorriu, como se eu o tivesse encurralado, e disse: "Quero construir grandes projetos que transformem a vida das pessoas!"

Só me restou parabenizá-lo e, aí sim, conversar sobre os seus projetos. Ser bilionário era uma visão turva do que seria a sua verdadeira realização de vida. E quando não esclarecemos isso, podemos buscar algo a vida toda e quando alcançarmos (se alcançarmos), vamos descobrir que não valeu a pena.

Portanto, precisamos compreender que viver por um propósito é o que verdadeiramente nos move para os nossos objetivos. Ter metas, planejar para alcançá-las, isto é fundamental, pois alinha nosso foco. Foco é a capacidade de estabelecer e fazer o que precisa ser feito para conquistar o que se deseja.

> **Propósito é o sonho que nos move.**
> **Foco é o que nos move para o sonho!**

Perceba que são elementos que andam juntos, pois você nunca será alguém focado sem um propósito para dar sentido às suas ações; e ter um propósito sem o foco adequado no que precisamos fazer não permitirá o alcance dos nossos objetivos.

Para deixar claro esse conceito, quero compartilhar com duas lições que aprendi com Hendre Coetzee, fundador do Center for Advanced Coaching:

Pilar do autoconhecimento

1. **Quem tem propósito tem paixão.** Quem não tem propósito tem apenas responsabilidades. Viver sem um propósito é viver sem direção; é caminhar por caminhar; é trabalhar por uma única motivação: a sobrevivência.
   Qual é o seu propósito de vida? Por que a sua vida vale a pena?

   _____

   _____

   _____

   Qual é o seu propósito como líder? Como você quer ser lembrado?

   _____

   _____

   _____

2. **O poder não está no propósito, o poder está na participação.** O propósito motiva, faz os olhos brilharem. Mas se não participarmos intensamente hoje, nada acontecerá.

   Sua participação hoje garantirá que o seu propósito seja alcançado. Isto é desempenho!

   Então, a grande pergunta é: qual é o seu comprometimento com a sua direção e com o seu futuro? Se você deseja ter alta performance, conquistando os comportamentos necessários para isso, não existe outra forma. Portanto, concentre-se no seu desempenho.

2. Missão: O que verdadeiramente você quer fazer?

Uma missão define o que você pretende fazer da sua vida, como pretende utilizar seus talentos, de que maneira suas competências podem ser mais bem aproveitadas. Ter uma missão é ter clareza daquilo que realmente é bom e o que lhe diferencia dos demais. Quando você define uma missão, você registra algo em que realmente pode ser extraordinário. Ter uma missão é sair da zona comum, deixar de ser um profissional razoável em várias coisas e tornar-se excelente, um *expert*, em alguma coisa. Dessa forma, todas as outras especialidades que você desenvolver ao longo da vida lhe servirão como um grande alicerce para que sua especialidade maior, a sua missão, possa ser aplicada com maestria.

Para exemplificar o conceito de missão, permita-me contar uma história que me chamou muito a atenção quando a conheci: a criatividade de Caine, um jovem empreendedor de Los Angeles.

"Meu nome é Caine, tenho 9 anos. Meu fliperama se chama fliperama do Caine. Abre só no fim de semana. E é bem barato", conta entusiasmado o garoto.

Quando questionado pelo jornalista "E no futuro? O que você quer fazer daqui a vinte anos?", Caine responde sem pestanejar: "Construir videogames, fliperamas e karts de corrida."

A história surpreende pela criatividade, ousadia e determinação de Caine. Porém, o que mais me impressionou foi ver que uma criança de apenas 9 anos já descobriu sua verdadeira missão, e sabe claramente o que deseja para o seu futuro.

Caine conseguiu algo que muitas pessoas passam a vida tentando descobrir: sua verdadeira missão. Aquilo que merece o empenho de todo o seu potencial e energia, pois tem um sentido muito maior do que dinheiro: é apaixonante, inspirador e envolvente.

Muitas pessoas me perguntam: "Alexandre, como posso descobrir a minha verdadeira vocação?" Existem inúmeros testes que podem ajudar, mas nunca abro mão de fazer algumas perguntas para essas pessoas.

Três passos para ajudar a encontrar a sua missão

1. **Identifique as suas principais forças** – O que você adora fazer? O que você faz sem esforço? O que você faz tão bem que lhe destaca de outras pessoas?

Exemplo:

Habilidade para falar em público; criatividade; facilidade no relacionamento interpessoal; bom humor; talento para desenvolver pessoas.

___

___

___

2. **Quais comportamentos evidenciam que você possui essas forças?**

Exemplo:

Tranquilidade e bom desempenho ao falar em público; facilidade na elaboração de palestras, artigos e apresentações; rápida adaptação com diferentes pessoas em diversas regiões e situações; diversão durante palestras e reuniões sociais; satisfação e obtenção de resultados no desenvolvimento de pessoas.

___

___

___

3. Quais são os seus principais objetivos pessoais/profissionais?

Exemplo:

Ser referência no desenvolvimento de pessoas; ser a solução para o desenvolvimento do capital humano das empresas; melhorar a vida das pessoas por meio do desenvolvimento comportamental.

Importante:
Suas forças somente podem ser consideradas uma missão se estiverem relacionadas com aquilo que você deseja fazer. Por isso, é fundamental que você faça esta análise. Você pode, por exemplo, ter um grande talento para a música, mas talvez não queira utilizar essas habilidades profissionalmente.

Defina a sua missão

Como posso utilizar as minhas forças na conquista dos meus objetivos?

Exemplo de missão

Potencializar pessoas e empresas em busca de resultados extraordinários. Essa foi a maneira que encontrei para pôr em prática as minhas forças.

Isto é missão! Aliar aquilo que você faz bem, que lhe apaixona e, principalmente, que está alinhado com o que você deseja para a sua carreira e para a sua vida.

Nós deveríamos ser estimulados a vida inteira por essas perguntas! Mas, infelizmente, o que vejo são pessoas negligenciando a sua missão em prol do foco único no dinheiro, na estabilidade, no *status* etc. No fim, nós nos cobraremos por não termos posto em ação o que existe de melhor em nós.

E isso ocasiona um fator inibidor do nosso potencial: o investimento incansável, e por vezes frustrado, em nossos pontos fracos. Não que investir em nossos pontos fracos não seja importante, mas não são os pontos fracos que nos impulsionarão para a excelência em nossas profissões. Entenda, você chegou até aqui utilizando seus pontos fortes e não os fracos. Se você não conquistou o que deseja na sua carreira, eu me arrisco a afirmar que não foi pelas suas deficiências, e, sim, por não ter posto em ação aquilo que você tem de melhor.

Não desista dos seus pontos fracos, mas não deixe que as pessoas o façam acreditar que são mais importantes que seus pontos fortes. Invista muito mais energia naquilo em que você é bom! Estimule-se a desenvolver-se constantemente. Desafie-se, buscando sempre aprimorar aquilo que você tem de melhor: seus pontos fortes.

Da mesma forma, estimule as pessoas para que possam utilizar seus pontos fortes ao máximo. Podemos orientá-las, ajudá-las a adotar um novo comportamento, mas sem nos esquecermos de que a essência de cada um de nós está naquilo que fazemos bem.

O pai de Caine[2] demonstra muito bem o que significa estimular: "Um dia, Caine me disse que queria comprar uma máquina, destas de pegar prêmios. Falei para ele: por que não faz você? E ele fez, usando um gancho e um fio."

---

[2] Quer conhecer a história do Caine? Acesse: http://www.youtube.com/watch?v=i6bw-T6qv1DE.

Portanto, meu amigo, invista em seus pontos fortes e realize-se plenamente como profissional!

Será que você vive a sua missão? Você é feliz no seu trabalho? Sua profissão lhe traz realização?

Reflita sobre as questões a seguir e tire suas próprias conclusões.

Assinale as opções que fazem parte do seu cotidiano profissional:

- ❑ **1.** Você executa tarefas desafiadoras, que exigem o máximo das suas habilidades?
- ❑ **2.** Existe concentração no que você faz?
- ❑ **3.** Os objetivos são claros? Você sabe onde pode e deve chegar?
- ❑ **4.** O feedback é imediato? Quando você realiza um bom trabalho, é reconhecido imediatamente? Os resultados são aparentes?
- ❑ **5.** O envolvimento é intenso e natural? Você está 100% presente quando está realizando seu trabalho?
- ❑ **6.** Existe um senso de controle? Você sente que tem poder de decisão e liberdade para executar suas funções?
- ❑ **7.** É congruente com seus valores? Quando você realiza seu trabalho, você se sente bem, ele lhe completa? Ou às vezes você sente que está ferindo alguns valores importantes para você, como: a família, a honestidade, a ética etc.?

Espero que esta análise lhe faça refletir e avaliar com mais cuidado o seu dia a dia e responder a estas perguntas com embasamento: sou feliz na minha profissão? E, principalmente, o que eu posso fazer para ser feliz na minha profissão?

3. Metas: aonde você quer chegar?

Quando me recordo da minha trajetória profissional, uma lição se mostra pertinente neste momento: "Nós crescemos na medida em que nos desafiamos!" Essa afirmação que um dia tomou conta do meu pensamento fez uma enorme diferença em minha carreira, pois eu decolava profissionalmente ao passo dos desafios que me permitia encarar.

Também aprendi um conceito no mundo do coaching que diz o seguinte: todos nós temos um limite de incompetência. Esse limite existe e nos deparamos com ele quando assumimos um desafio e não temos a competência suficiente para enfrentá-lo.

Imagine um profissional de vendas, competente em sua posição, que recebeu um convite para assumir a gerência de vendas da sua empresa. O profissional prontamente aceita o convite, mas descobre nesse instante que não sabia o que lhe esperava. Nesse momento, ele se encontra no limite da incompetência e terá de optar por dois caminhos:

1. Desistir ou conformar-se com os maus resultados.
2. Encarar o desafio e desenvolver-se para garantir resultados satisfatórios.

Se o profissional escolher a segunda opção, ele terá a oportunidade de enfrentar o seu limite da incompetência e ultrapassá-lo, adquirindo, dessa forma, novas competências e ampliando esse limite.

Esta é a grande lição: somente quem se depara com o limite da incompetência tem a oportunidade de crescer e adquirir novas competências. Ninguém se desenvolve no sofá de casa!

A importância das metas

Falei sobre o nosso limite da incompetência, pois é exatamente isso que as metas fazem conosco. Quando eu traço uma meta, estou me permitindo desafiar esse limite, pois toda meta exige novas competências.

Muitas vezes esse limite é desafiado sem esperarmos por isso, como no caso do nosso gerente de vendas citado anteriormente. Talvez ele não contasse com essa promoção, tornando o processo de desenvolvimento mais inquieto, pois o tempo não para. Esses momentos inesperados nos fazem crescer muito, porque nem tudo pode ser planejado em nossa vida, senão o que seria do acaso?

Agora, imagine se o nosso amigo estivesse se planejando para o cargo. Com certeza o processo de preparação já estaria acontecendo e quando a oportunidade surgisse já estaria mais bem preparado. Porém um planejamento somente existe se houver uma meta, caso contrário, não há um motivo, um propósito para tal desenvolvimento.

Portanto, pense no futuro! Crie este hábito de traçar suas metas.

Como traçar metas?

Vamos relembrar o exemplo no início deste capítulo, sobre a maratona a qual fomos convidados a correr? Agora, quero que relacione essa maratona com a sua vida profissional. Qual é a sua maratona – o seu grande objetivo profissional? Onde você pretende chegar? Este é o primeiro passo para definirmos uma meta: onde eu quero chegar? O que eu quero ser? Isto é uma meta!

Pilar do autoconhecimento

Todavia, outros elementos são fundamentais nessa definição. Quando você conseguir responder às questões a seguir, pode considerar que possui uma meta bem-definida, caso contrário, a meta não está clara. São elas:
Como vou saber que cheguei lá? Quando eu quero chegar lá?
Defina como você vai saber que conquistou a meta ou como pode saber que está no caminho certo. Denominamos isso evidências. No mundo corporativo, chamamos de indicadores.

Nas sessões de coaching que realizo, minha grande missão é encontrar as evidências, pois é a única maneira de mensurar os resultados. Uma pessoa pode ter um objetivo de crescer na empresa, mas para que isso seja uma meta, é necessário responder: Em qual cargo gostaria de chegar? Quais são as etapas para chegar lá? O que eu terei de desenvolver? Quais metas terei de atingir na empresa? Quando pretendo chegar lá?

Muitas vezes pergunto para uma pessoa: "Qual é o seu objetivo?" Ela me responde: "Quero ter mais qualidade de vida." Veja quão vago é esse objetivo. O que é qualidade de vida? Então, preciso deixar claro e definir esse indicador: "O que é qualidade de vida para você?" Nesse momento, definimos o que e quando ela pretende conseguir.

Vamos praticar o que aprendemos até agora. Que tal traçar uma meta, colocando em ação os elementos fundamentais de um processo de coaching? A ferramenta a seguir é exatamente a que utilizo nos meus processos de coaching.

Pense em uma meta que valha a pena! Vamos lá!

Direção para resultados

Meta-fim	Prazo	Evidências
Qual é o seu objetivo?	Quando você pretende conquistar seu objetivo?	Como você vai saber que chegou lá? Como você pode medir?

Propósito	Valores
Por que vale a pena alcançar seus objetivos? O que está além dos seus objetivos?	O que a conquista dos seus objetivos lhe proporcionará?

Responsabilidade	Comprometimento
De quem depende para que você conquiste seu objetivo? O que você pode fazer para que isso dependa apenas de você?	De 0 a 10, qual é o seu nível de comprometimento com a conquista do seu objetivo?

4. Planejamento – Como você pretende chegar lá?

Aprendi uma premissa no coaching que me faz garantir que um bom planejamento é fundamental: "Se você projetar bem o caminho, a meta é consequência."

Isso é fato, pois muitos dos nossos objetivos não se concretizam, porque, além de não definirmos as evidências, não projetamos o caminho, estabelecendo os passos necessários para alcançá-los.

Para falar sobre planejamento, resolvi usar uma técnica que tem me ajudado muito nesse processo. Uma técnica que desenvolvi baseado no método Grow, elaborado por John Wittmore. Nesse método, utilizo dois elementos que contemplam tudo o que precisamos para garantir o bom desenvolvimento da meta: meta fim e meta de performance.

Meta fim e metas de performance

Meta fim é o final do processo, exatamente onde queremos chegar.

Meta de performance é o caminho, trata-se das etapas necessárias para chegar ao final e conquistar a nossa meta fim.

É importante ressaltar que esse modelo pode ser utilizado para uma meta de curto, médio ou longo prazo. A meta fim é uma meta de resultado, seja conquistar algo, chegar a algum lugar, enfim, é o objetivo maior do processo, aquilo pelo qual vale a pena se desenvolver. As metas de performance são metas de desenvolvimento, como adquirir uma nova habilidade, um novo comportamento, alcançar um resultado necessário para chegar ao final do processo, ou seja, o passo a passo fundamental para garantir a conquista do nosso objetivo maior, a meta fim.

Este é o x da questão. As metas de performance determinarão o seu desempenho, aquilo que você precisa fazer para chegar lá – onde quer que seja. Tenha em mente que o seu melhor desempenho está nos detalhes – quanto mais tempo dedicar para detalhar o seu plano de ação, maiores serão as chances de sucesso e grandes resultados.

Dica fundamental: Lembre-se de que vivemos em um mundo altamente dinâmico. Portanto não se prive de mudar os rumos do seu planejamento sempre que necessário, mas mantenha o foco na sua realização pessoal e profissional.

Já pensamos na meta, agora é importante planejarmos o seu alcance. Vamos a mais um ferramental. Dedique-se a essa prática e planeje com o olhar de um coach.

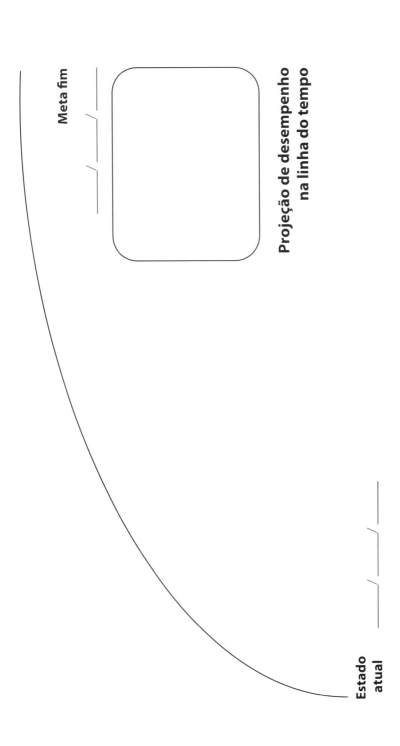

Pilar do autoconhecimento

Direção para resultados

Quais estratégias você deve adotar para conquistar a sua meta fim?

Meta de performance 1	Prazo	Evidências
	De: ___/___/___ Até: ___/___/___	

Quais ações você deve adotar para conquistar a sua meta de performance?

Ação 1	Prazo	Recursos		
		O quê?	Prazo	Quem?

Ação 2	Prazo	Recursos		
		O quê?	Prazo	Quem?

Ação 3	Prazo	Recursos		
		O quê?	Prazo	Quem?

Meta de performance 2	Prazo	Evidências
	De: ___/___/___ Até: ___/___/___	

Quais ações você deve adotar para conquistar a sua meta de performance?

Ação 1	Prazo	Recursos		
		O quê?	Prazo	Quem?

Ação 2	Prazo	Recursos		
		O quê?	Prazo	Quem?

Ação 3	Prazo	Recursos		
		O quê?	Prazo	Quem?

Pilar do autoconhecimento

Meta de performance 3	Prazo	Evidências
	De: ___/___/___ Até: ___/___/___	

Quais ações você deve adotar para conquistar a sua meta de performance?

Ação 1	Prazo	Recursos		
		O quê?	Prazo	Quem?

Ação 2	Prazo	Recursos		
		O quê?	Prazo	Quem?

Ação 3	Prazo	Recursos		
		O quê?	Prazo	Quem?

5. Valores – O que o motiva

Falamos sobre propósito (o sonho que nos move), missão (nossos pontos fortes postos em ação), metas (os objetivos que nos movem para o sonho), planejamento (o passo a passo para alcançarmos nossas metas), enfim, os elementos que contribuem para o nosso caminhar rumo à realização que tanto desejamos. Mas a pergunta que não quer calar é: Por que tudo isso é importante para mim? Por que alcançar essas coisas mexem comigo? O que verdadeiramente eu quero com tudo isso?

Para encontrar a resposta a essas indagações, precisamos compreender o poder dos valores em nossas decisões na carreira, nos negócios e na vida.

Os valores motivam, nos dão o combustível necessário para seguir em frente. É fato que as crenças existem e emoções, como medo, dúvida e preocupação, sempre terão o seu espaço em nosso pensamento. O que faz você seguir em frente sem a total permissão das crenças são os valores. Se seus objetivos lhe trazem benefícios que atendem seus valores, você se moverá, se sua meta não atender seus valores, não fará sentido, logo não valerá o esforço.

É fundamental compreender que tudo o que fazemos na vida, fazemos para atender nossos valores, mesmo que esses valores não estejam completamente conscientes.

Quando as nossas ações estão alinhadas com os nossos valores, adotamos um comportamento congruente. A congruência depende do alinhamento dos nossos valores. Quando algum valor é ferido ou não é atendido por alguma situação nos apresentamos de maneira incongruente. Logo, a probabilidade de não seguir em frente é muito grande.

Somente conquistamos alta performance pessoal e profissional quando agimos de maneira congruente com os nossos valores.

Pilar do autoconhecimento

Valores *versus* necessidade

Um valor, embora comande as nossas decisões, é geralmente confrontado pelas nossas necessidades. Enquanto uma necessidade básica não for sanada, o atendimento aos valores torna-se secundário. Primeiro as necessidades, depois os valores. Uma pessoa jamais vai se preocupar com a sua independência financeira se estiver passando fome.

Conflito de valores

Você descobrirá ao longo da vida que existem valores dos quais você jamais abrirá mão e que alguns, mesmo considerados vitais por você, terão de ser flexibilizados. Carreira e família podem ser dois valores essenciais para a sua existência. Mas se você precisar optar entre um e outro, qual escolhe? Não será uma decisão fácil, mas em algum momento teremos de decidir entre duas coisas importantíssimas para a nossa plena felicidade. É isso que chamamos de conflito de valores.

Flexibilização de valores

Quanto mais rígidos formos com os nossos valores, mais inflexíveis seremos nos mais diferentes contextos da vida: relacionamentos, negócios, família etc. Não estou julgando se ser flexível com os seus valores é correto ou não, apenas constatando que quem é mais flexível sofre menos.

Caso – os valores e as nossas decisões

Durante um processo de coaching com o CEO de uma indústria, falávamos sobre diversos conceitos organizacionais, indicadores, metas, gestão, enfim, tudo o que importava verdadeiramente para esse executivo de incrível desempenho e resultados.

Algumas situações o estavam incomodando muito e decidimos falar sobre valores. Afinal, nossos comportamentos refletem, e muito, os nossos valores. Encontramos explicações para muitas atitudes, inclusive, em um dos seguintes questionamentos que fiz: "Você pode se lembrar de um comportamento indesejado? Qual benefício este comportamento lhe proporciona?"

Essas perguntas podem soar estranho, mas saiba que todos os nossos comportamentos, mesmo os indesejados, existem para atender a um determinado valor.

Ele me apresentou um comportamento indesejado – perder a paciência em reuniões com sua equipe. Quando perguntei quais benefícios isso lhe proporciona, ele me disse: "Nada. Só me atrapalha. Cria um péssimo clima nas reuniões."

Foi então que esclareci as coisas: "Se não lhe trouxesse benefícios, você não faria. Pense, o que você ganha com isso?" Ele pensou por alguns instantes, sorriu e disse: "Quando perco a paciência, levanto a voz e amedronto as pessoas. Sei que é ruim, mas me sinto poderoso."

Veja isso, perder a paciência nas reuniões atendia um valor – o poder. Não nos cabe julgar se isso é certo ou errado, é papel dele; o meu, como coach, é trazer isso à tona e deixar que ele decida como agir de agora em diante.

Não pense que acabou. Na mesma sessão, identificamos seus valores mais importantes. Ele percebeu que realização profissional e desafios o moviam de uma maneira que nem imaginava. Ele ficou feliz e ao mesmo tempo triste. Feliz, pois se orgulhava de ser movido por esses valores. Triste, porque pensou em sua esposa e percebeu que tudo o que ele mais queria na vida – ganhar o mundo, administrar uma empresa fora do país, morar fora – era completamente diferente do que sua esposa queria. Ela tinha um cargo público, gostava muito do que fazia, era completamente apegada à família e não tinha nenhuma intenção de morar fora. E agora, o que fazer?

Pilar do autoconhecimento

Como coach, não me cabia aconselhar, apenas encorajá-lo a fazer a coisa certa, e ele fez – decidiu conversar francamente com a esposa. O que decidiram? Divorciaram-se! Ambos preferiram abrir mão do seu casamento a abdicar de seus valores. Certo, errado? Novamente, não nos cabe julgar, apenas garantir que o coachee está tomando a melhor decisão.

Identificação de valores

- Quais são as coisas mais importantes para você na sua vida? Qual sentimento isto lhe traz?

_____

_____

_____

_____

- O que isto lhe proporciona? Por que isto é importante para você?

_____

_____

_____

_____

- Você pode se lembrar de um comportamento indesejado? Qual benefício este comportamento lhe proporciona?

_____

_____

_____

_____

- Do que você não abre mão em sua vida? O que isto lhe proporciona?

_____

_____

- O que o(a) motiva? Que sentimentos isto lhe traz?

- O que deixa você orgulhoso(a)? Como se sente com relação a estas coisas?

- Quais são os acontecimentos pelos quais você é grato(a) em sua vida? Como você se sente em relação a estas coisas?

- Quais são as coisas que pertencem a você? Como se sente com relação a elas?

Pilar do autoconhecimento

- Quais foram as suas conquistas? Como se sente com relação a elas?

  _____
  _____
  _____
  _____

- Quem você ama? Quem ama você? Como se sente em relação a isso?

  _____
  _____
  _____
  _____

- O que tudo isto lhe proporciona? Por que tudo isto é importante para você?

  _____
  _____
  _____
  _____

Valores primários	Valores secundários

Coaching vertical
1. Crenças limitantes
2. Sabotadores internos
3. Sabotadores externos
4. Emoções negativas
5. Incompetência

Estado atual → Coaching horizontal → Estado desejado

Alexandre Prates

Coaching vertical – compreendendo os elementos que podem sabotar a conquista dos objetivos

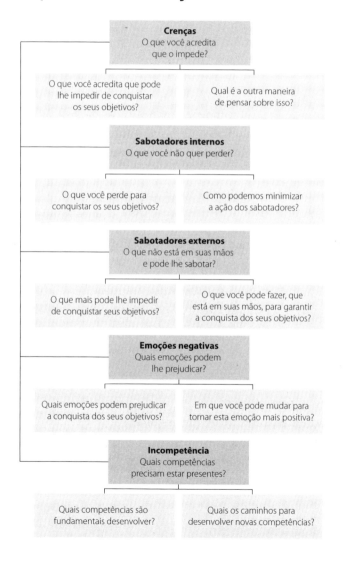

Pilar do autoconhecimento

1. Crenças

Falar sobre crenças é desafiador e requer uma habilidade muito importante e cada vez mais exigida nos dias de hoje: o não julgamento.

Trabalhar crenças é uma das sessões de coaching mais delicadas, pois aborda o que acreditamos sobre a vida. Nossas crenças são fruto da nossa educação e do aprendizado desde a infância. É o processo que conduz a formação do nosso caráter, conduta e o que almejamos na vida pessoal e profissional.

Nossas crenças determinam nossos medos, receios, preconceitos, atitudes, emoções, enfim, nossas crenças são um retrato ou, como muitos chamam, "um mapa" do que acreditamos sobre a vida e sobre nós mesmos.

Uma crença pode, por exemplo, limitar o desempenho de um profissional. Uma crença comum, geralmente despertada em pessoas submetidas a metas e competições nas empresas, é: "Não gosto de competição!" Essa crença atende a um valor: conforto. Logo, não faltarão justificativas para manter-se na zona de conforto.

"Nunca fui bem-sucedido em competições, jogos, desafios e não é desta vez que vou conseguir." Automaticamente a pessoa se sente desconfortável com a situação e coloca-se em posição de indiferença, mais para se defender de uma derrota ("não faço questão de ganhar!") do que falta de comprometimento com a empresa. Porém, dificilmente a empresa enxergará dessa forma e o "não comprometimento" passa a registrar a carreira deste profissional.

Sobre crenças é importante saber

- Todos os eventos são neutros.

- Nossa crença sobre os eventos são as que determinam quão bem nos sentimos e nos comportamos.
- Mudar nossas crenças pode significar mudar nossas reações comportamentais.

Caso – As crenças e as nossas preocupações

Há alguns anos, desenvolvendo a gerente de uma construtora, vivenciei o poder das crenças em nossos comportamentos. Na primeira sessão, ela me disse emocionada: "Estou há dez anos nesta empresa e adoro trabalhar aqui. Mas, atualmente, depois da contratação do novo diretor, tenho me sentido ameaçada."

Para entender melhor a situação, perguntei: "Mas o que a faz se sentir ameaçada?" Ela respondeu: "Ele não gosta de mim, já percebi isso!" Veja a crença aí – "Ele não gosta de mim." Então só me restava saber de onde a crença era disparada. Perguntei: "O que a faz pensar assim?" A resposta veio imediatamente: "Ele não me cumprimenta quando cruzamos no corredor, jamais pediu a minha opinião nas reuniões, e a única vez que solicitei uma reunião com ele, foi desmarcada." Você deve estar pensando: "Mas que bobagem, isso não demonstra que ele não gosta dela!" Pode até ser verdade, mas o que pensamos não importa neste momento. Meu papel é desafiar as crenças e oportunizar uma nova visão.

Se uma crença é proveniente de uma situação que experimentei ou de algo que ouvi e acreditei, só existe uma maneira de lidar com uma crença limitante: ter uma nova experiência. Acontece que as pessoas não se submetem a novas experiências, preferem a zona de conforto. E mais interessante do que isso, além de internalizar as crenças ao longo da vida, buscamos conviver com pessoas que possuem as mesmas crenças. Naturalmente, isso torna aquilo que acreditamos ainda mais forte.

O que pude fazer pela minha coachee foi tornar a crença presente e instigá-la a experimentar uma nova situação. E, nesse momento, só restou fazer uma pergunta: "O que você pode fazer para mudar essa situação?" Ela decidiu ter uma conversa franca com o diretor e percebeu o que estava claro – permitiu que a crença assumisse o lugar da razão e sofreu por antecipação. O diretor nada tinha contra ela. E me contou isso sorrindo!

Por outro lado, existem crenças fortalecedoras, ou seja, conceitos que você adquiriu sobre a vida e sobre você mesmo que impulsionam suas ações em direção aos objetivos. Por exemplo, uma pessoa que acredita que a vida é cheia de oportunidades e que para conquistar seu espaço é necessário correr atrás dos seus objetivos, nunca ficará na zona de conforto e buscará sempre mais. Creio que seja esta crença que impulsiona os grandes empreendedores. Lembre-se: você é aquilo que acredita ser!

O grande segredo é identificar suas crenças, trabalhar para eliminar as crenças limitantes e ampliar suas crenças fortalecedoras.

Identificação de crenças

Vamos identificar algumas crenças. Pare por um instante e reflita sobre as suas crenças. Quais lhe impulsionam e quais limitam o seu desenvolvimento?

1. O que você acredita sobre a vida?

_____
_____
_____

2. O que você acredita sobre si mesmo?

3. O que realmente é importante para você na vida?

4. Quais são seus maiores sonhos na vida?

5. O que está impedindo ou limitando você de realizá-los?

6. Isso depende de quem?

Como lidar com crenças limitantes

Em minha carreira como coach, aprendi uma regra sobre crenças: independentemente de acreditar ou não na crença de uma pessoa, o fato é que uma crença é verdade para quem

Pilar do autoconhecimento

a tem. Portanto, o maior erro que você pode cometer é desmentir a crença de alguém. O que você deve fazer é desafiar a crença, fazendo com que a pessoa amplie sua percepção e enxergue novas possibilidades para pensar e agir.

Nunca diga: "Isto não é verdade!" Diga: "Será que podemos ver isso de outra forma? Você está sendo totalmente realista ao pensar assim? Quais fatos comprovam o que está me dizendo?"

4 Passos para desafiar crenças

Situação:

Um profissional é desafiado a gerenciar uma nova equipe de vendas. Ele sente-se inseguro e quer recusar o desafio. Acredita que a equipe não o aceitará, pois dois gerentes anteriores fracassaram.

1. **Identifique a crença** – Por que você acredita que não conseguirá? O que lhe impede?
2. **Analise as consequências** – Quais consequências emocionais e comportamentais essa crença lhe proporciona?
3. **Desafie as crenças** – Você está sendo realista? Será que os outros gerentes fizeram tudo o que poderiam ter feito? Acreditar que você não conseguirá lhe traz quais benefícios?
4. **Instale novas crenças:**
    a) Se nada pudesse dar errado, como seria a sua atuação? Descreva.
    b) O que você pode fazer para que a sua liderança seja um sucesso?
    c) O que você pode fazer para minimizar os riscos?

2. Sabotadores de resultados

Todos os nossos desejos trazem ganhos e perdas, sem exceção. E só conseguiremos parar de nos sabotar se alinharmos estes dois itens: motivadores e sabotadores.

Pense por um momento em seus objetivos e responda: o que eu perco para conquistar isso? O que pode me impedir de conquistar isso?

Estas perguntas lhe permitem analisar as perdas que esse novo comportamento lhe trará? É importante saber que mesmo um comportamento negativo lhe traz algum benefício, portanto deixar de praticá-lo lhe trará uma perda. Por exemplo, uma pessoa que fuma, sabe que esse comportamento lhe traz muitos prejuízos, mas se ela continua fumando é porque isso lhe traz alguns ganhos, como bem-estar, tranquilidade, prazer etc. Adotar um novo comportamento será doloroso, pois ela deixará de atender aos valores importantes, e isso é uma perda. Portanto, antes de sair por aí dizendo que você é outra pessoa e que adquiriu novos comportamentos investigue o que irá perder ao colocar em prática esse novo modelo de comportamento.

1. Quanto esse novo comportamento influenciará a vida de outras pessoas e o ambiente em que atuo?

Além de investigar a sua perda, é fundamental investigar como esse novo comportamento influenciará o meio em que você vive: empresa, família, sociedade etc. A preocupação com esse fator é essencial para a mudança, pois permite a você dosar a maneira como o novo comportamento será posto em prática.

2. Estou pronto para ser testado nesse novo comportamento? Estou pronto para suportar a desconfiança das pessoas ao meu redor?

Pilar do autoconhecimento

Estas são perguntas fundamentais para garantir que você tenha bons resultados no processo de mudança. Pois uma coisa eu garanto: vão lhe testar.

1. Edward P. Sarafino, em seu livro *Applied Behavior Analysis: Principles and Procedures in Behavior Modification*, apresenta as três frases do processo de mudança comportamental:

- **Gerenciamento de antecedentes** – Identificar quando os comportamentos inadequados proporcionarão consequências desagradáveis, tornando necessária a mudança.
- **Gerenciamento de comportamentos** – Os novos comportamentos são postos em prática.
- **Gerenciamento de consequências** – Os novos comportamentos começam a ser questionados, pois causam estranheza.

Situação:

Imagine que você seja uma pessoa que perde facilmente a paciência com todos e isso já lhe tenha engendrado a fama de mal-humorado, estourado etc. De repente, você parece estar diferente e, diante daquela situação rotineira, onde fatalmente iria agredir verbalmente alguém, você simplesmente diz que não tem problema algum e dedica parte do tempo para ajudar a pessoa. Imagine os comentários na empresa:

"Acho que o(a) fulana(a) não está bem!"

"Será que ele(a) se converteu a alguma religião?"

"Humm, deve estar apaixonado(a)!"

Agora, imagine isso se espalhando como pólvora por toda a empresa. Será que você mantém a prática do novo comportamento ou estoura de vez e retoma o comportamento indesejado? Por isso, é imprescindível analisar o impacto do novo comportamento, porque talvez seja necessário avisar as pessoas dessa decisão e pedir ajuda para que, em vez de ser somente testado, você possa também ser apoiado, pois testado você será sempre!

Após analisar com cuidado esses pontos, crie as estratégias para que o novo comportamento possa realmente ser efetivo. Pergunte-se: Como posso minimizar as perdas?

Dessa forma, você poderá dedicar-se com tranquilidade ao desenvolvimento desse novo comportamento. Todo processo de mudança e desenvolvimento requer hábito. Portanto, se desistir logo no início, estará perdendo a chance de acostumar-se com o processo e fazer dele parte da sua existência. É como começar a malhar. Muitas pessoas desistem, porque na primeira semana tudo dói, perdem-se horas de sono, deixa-se de comer algumas coisas, mas, com o tempo, isso se torna parte da sua vida e não o incomoda mais, pelo contrário, provoca prazer.

Reconhecendo o nosso perfil de motivação e autossabotagem

Não gosto de generalizações, mas farei uma: todos nós possuímos nossos sabotadores. Isso não é diferente para ninguém. A diferença é que algumas pessoas reconhecem e convivem bem com isso, enquanto outras postergam seus objetivos em prol de prazeres sensoriais de curto prazo.

O importante é compreender o seu perfil de motivação, bem como o seu perfil de autossabotagem de resultados. Nós somos motivados por dor e prazer e também nos sabotamos por dor e prazer. Cada um tem o seu perfil predominante e reconhecê-lo facilitará a maneira de lidar com os sabotadores que se apresentam diariamente.

Pilar do autoconhecimento

Motivadores e sabotadores de resultados

Motivação por prazer	Autossabotagem por prazer
• **A essência é foco no futuro.** • Os ganhos futuros motivam mais do que os prazeres de curto prazo. • Tem mais facilidade para lidar com os sabotadores diários. • Precisa enxergar um propósito de longo prazo no que está fazendo para manter-se motivado. • Busca compreender o passo a passo para realizar as atividades com maestria. Necessita de planejamento. • Não gosta de ser cobrado, pois a sua autocobrança é frequente.	• **A essência é zona de conforto.** • É apaixonado pelo seu estado atual. • A zona de conforto o mantém na incompetência. • Não enxerga a necessidade de ir além. • Precisa ser desafiado constantemente para não se acomodar.

Motivação por dor	Autossabotagem por dor
• **A essência é foco no curto prazo.** • Tem muita dificuldade para livrar-se dos sabotadores diários. • Os prazeres sensoriais do cotidiano o tiram do foco com facilidade. • Comete muitos erros pela falta de planejamento. • Precisa de metas diárias e cobrança frequente para manter-se focado.	• **A essência é necessidade de pressão.** • Funciona muito bem sob pressão. • Não se atenta a datas e prazos. • Indisciplina é uma constante. • Tem autoconfiança exagerada, sempre acredita que dará certo.

A equação se torna ainda mais interessante quando compreendemos que uma pessoa com perfil de motivação por prazer geralmente tem uma autossabotagem ligada a prazer; logo, são pessoas que, com um perfil de motivação por dor, se autossabotam por dor. Portanto, o desafio diário está no equilíbrio, veja no quadro a seguir:

Motivação por prazer	Autossabotagem por prazer
Precisa de planejamento.	Não mantém o equilíbrio sob pressão, pois não gosta que a tirem da zona de conforto.

Motivação por dor	Autossabotagem por dor
Funciona sob pressão.	Perde o foco com muita facilidade, pois possui visão de curto prazo.

Perceba que ambos os estilos possuem pontos fortes e pontos fracos. Pessoas que funcionam sob pressão são eficientes, no entanto, as possibilidades de erro são enormes. Da mesma forma, pessoas planejadas e com foco no longo prazo conseguem ter uma visão mais ampla das coisas, erram menos, porém, em momentos de crise, tendem a perder o equilíbrio.

Novamente, o segredo está no equilíbrio!

Reflita: Qual é o seu estilo? Independentemente de qual seja, algumas perguntas podem lhe ajudar:

1. Quais são seus principais sabotadores?

_____
_____
_____

2. O que você perde para alcançar seus objetivos?

_____
_____
_____

3. O que você pode fazer para minimizar a ação dos sabotadores?

_____
_____
_____

3. Lidando com as nossas emoções

Continuando a série "Sabotadores de resultados" há algo que o pode impedir de conquistar seus objetivos: suas emoções. Na verdade, a incapacidade de controlá-las, definida por muitos especialistas como *inteligência emocional*. Segundo Daniel Goleman, autor de diversos livros sobre o tema, "Inteligência Emocional é a capacidade de identificar os nossos próprios sentimentos e os dos outros, de nos motivarmos e de gerir bem as emoções dentro de nós e nos nossos relacionamentos".

Nossos valores determinam nossas ações, que, por sua vez, são disparadas por nossas emoções. Tudo o que fazemos em nossa vida, fazemos impulsionados por nossos valores. Portanto, ter consciência dos nossos valores nos faz compreender nossas emoções. Por exemplo, um profissional bem-sucedido, que já chegou ao topo de sua carreira como executivo, percebe que, apesar de toda a fama, não está feliz. Por quê? Porque, mesmo inconsciente, seu valor **família** pode estar falando mais alto e ele começa a perceber que toda a fama não está valendo mais a pena. Então, algumas emoções começam a ser disparadas: insegurança, tristeza, raiva etc. No entanto, se ele conhecesse seus valores, saberia que suas escolhas afetariam suas emoções e, consequentemente, seus objetivos.

Lembre-se de que as emoções são disparadas por nosso pensamento e nosso pensamento é composto por valores e crenças.

Inteligência emocional não é viver livre de emoções negativas, mas saber controlá-las e, principalmente ter consciência de como são disparadas.

Compreendendo as emoções

- **Medo:** Em inglês, **FEAR** (brincando com as letras – **Falsas Evidências Aparentemente Reais**). Na maioria das vezes, temos medo do que nunca vivenciamos e nossas crenças alimentam essas sensações. Não estou dizendo que não temos de ter medo, afinal é o medo que nos protege, mas temos de nos questionar sempre: Este medo é real ou é gerado pelas minhas crenças? Aprenda a avaliar seus medos! E aprenda um questionamento fundamental para lidar com o medo. Diante de uma situação, onde o medo é disparado, pergunte-se: O que posso fazer para dar certo? Se nada pudesse dar errado, como seria? O que posso fazer para minimizar os riscos?

Imagine a seguinte situação: Um executivo é desafiado a falar em público em uma convenção de vendas da empresa. Porém ele tem medo de falar em público, pois suas crenças alimentam esses pensamentos, reforçando a todo o momento que ele não sabe falar em público, que falar em público é uma habilidade para profissionais da área, que ele sempre entra em pânico nas apresentações etc. No momento da apresentação, é fato que estará nervoso e talvez a apresentação não ocorra como ele gostaria. Para minimizar as reações dessa emoção, o executivo pode questionar-se:

- **O que eu posso fazer para que a apresentação seja um sucesso?** Neste momento, ele pode encontrar respostas e visualizar mentalmente a apresentação e encontrar os caminhos para melhorar sua performance e eliminar os erros. Por exemplo, vou preparar com cuidado os slides, conversar com algum profissional da área, cronometrar a apresentação para que esta possa ser interativa e dinâmica e vou ensaiar alguns momentos de descontração para quebrar o gelo da plateia.
- **Se nada pudesse dar errado, como seria?** Eu entraria no palco com tranquilidade, falaria com segurança,

aplicaria alguma dinâmica para quebrar o gelo. Enfim, o executivo pode encontrar alternativas para ganhar mais segurança.

- **O que posso fazer para minimizar os riscos?** Creio que preciso conhecer melhor o público que estará presente, preciso preparar muito bem a minha apresentação e procurar algum profissional com experiência para conseguir algumas dicas.
- **Dúvida:** Não confiar que vai dar certo. O medo gera dúvida e começamos a duvidar de nossas escolhas. A dúvida tem de servir para avaliar nossas escolhas, mas não para nos deixar inseguros. Insegurança é não conseguir tomar uma decisão e você só não conseguirá tomar uma decisão se não avaliar todas as possibilidades. Pare e pense nos ganhos e perdas de tomar uma decisão e depois decida: Vale a pena? Não fique inseguro, decida!
- **Preocupação:** Antecipar o futuro por meio da dúvida. A dúvida gera preocupação e começo a trazer o futuro para perto imaginando tudo o que pode dar errado. Até que isso não é tão ruim, desde que essa preocupação me ajude a chegar à excelência. Mas, não confunda excelência com perfeição. Perfeição é um caminho muito duro, um indicador muito difícil de alcançar. Se você buscar a perfeição, viverá preocupado, mesmo que tenha alcançado a excelência. Nunca deixe a preocupação travar as suas ações.
- **Raiva:** Nossos valores são feridos. Só existe um fator que nos deixa com esse sentimento. É quando alguém ou alguma situação fere nossos valores. Duas pessoas brigam quando uma fere o valor da outra, simples. Ser controlado não é viver sem raiva, mas é aprender a avaliar a situação e decidir: posso perdoar e neste momento abrir mão do meu valor.

- **Amor:** Emoção fundamental para construir relações. Precisamos construir nossa vida (pessoal ou profissional) baseada nessa emoção. Tudo o que é construído fora dela, é perecível, vai passar. Quando fazemos algo com amor, fazemos com intensidade e os resultados aparecem. Quando não despertamos essa emoção no que fazemos, não faz sentido e logo nos sabotamos.
- **Felicidade:** É um estado presente e não uma meta. Já falamos sobre isso, não busque a felicidade no alvo, faça dele uma nova realização, mas seja feliz no caminho. Ser feliz é aprender com o passado e viver o presente com foco no futuro.
- **Tristeza:** Resultado da incapacidade de adaptar-se. Essa emoção é disparada quando não conseguimos nos adaptar com a nova realidade. Quando perdemos alguém, ficamos tristes, pois não conseguimos nos adaptar com a nova realidade sem essa pessoa. Lembre-se das palavras de Charles Darwin: "O ser humano que fará a diferença neste mundo não é o mais forte, mas, sim, o mais adaptável."

Utilize as emoções a seu favor e não permita que lhe impeçam de conquistar novos comportamentos e resultados de sucesso.

Foco no desempenho – a maior de todas as lições sobre inteligência emocional

Pare de pensar no resultado, foque no que você precisa fazer. Essa lição é poderosa e precisa ser praticada diariamente. Você já sabe o resultado que deseja, então pare de pensar nele e concentre-se em suas ações.

Pensar demasiadamente no resultado lhe impede de fazer o que precisa ser feito, pois você investe energia para se preocupar, angustiar, ter medos exagerados, enfim, onde não precisa. Foque a sua energia nas ações, no passo a passo que precisa ser feito para chegar no resultado esperado. Uma boa execução tem como consequência um bom resultado. A preocupação extrema com o resultado não lhe garante um grande desempenho.

Durante muitos anos eu convivi com uma preocupação que me dominava e que descobri ao longo do tempo que está presente em muitas pessoas: "E se as pessoas não gostarem?" Esse "e se..." é um fantasma que nos assombra a todo o momento. Pensar nas pessoas que assistiriam à minha palestra me ajudava a buscar cada vez mais qualidade. Até aí tudo bem. Agora, o querer agradar todo mundo, a necessidade de arrancar aplausos de pé, de ser reconhecido como um grande palestrante tiram de mim a alegria de fazer o que precisava ser feito. Palestrar passou a ser uma atividade tensa, de muita pressão. Foi quando, durante a concentração para uma palestra importante, o nervosismo estava grande, me consumindo novamente, então eu pensei: "Eu me preparei a vida toda para isso, eu vou falar apenas a verdade. Vou apresentar coisas que acredito e que ajudarão as pessoas. Muitas pessoas vão acreditar e gostar, outras não. Mas certamente, se eu for verdadeiro, terei o respeito de todos." Foi então que eu mudei o meu modo de pensar. Parei de me preocupar com os aplausos e mudei o meu foco. A pergunta não era mais "Será que vão gostar?" A pergunta agora era: "O que eu posso fazer para encantar essas pessoas?" Agradar as pessoas ou não era uma consequência do meu desempenho. Desde então eu jamais me preocupei demasiadamente com o resultado, invisto toda a minha energia no meu desempenho.

Três lições que você precisa praticar constantemente

1. **Transforme pressão em energia:** Quando você errar, muitas pessoas lhe apontarão o dedo. Muitas duvidarão e até mesmo se afastarão de você. A pressão é um fator externo, uma expectativa (positiva ou negativa) que terceiros colocam sobre você. Assumir essa expectativa é uma reação comum, porém, desnecessária e, por vezes, cruel. Portanto, não vale a pena. Não entre no jogo pressionado a ganhar, entre no jogo com a certeza de que colocará em ação o seu melhor desempenho.

2. **Transforme medo em estratégia:** Sentir medo é normal. Nunca conheci ninguém que não sente. A questão é o que você faz com o medo. Travar ou seguir em frente é uma decisão. A pergunta que precisa ser feita é: "O que posso fazer para que tudo dê certo?" Mas não responda isso pensando no resultado, responda focando em suas ações, ou seja, naquilo que você precisa fazer para que dê tudo certo. Pensar nas consequências – positivas ou negativas – não ajuda em nada agora. Novamente, foco total e absoluto no desempenho. Treino, estratégia e potencialização dos pontos fortes. O resultado é consequência!

3. **Transforme tristeza em propósito:** A derrota aconteceu. Bola pra frente! É preciso encontrar um motivo para seguir. É isso que faz da reinvenção uma arma poderosíssima – o propósito. Somente se reinventa quem tem um propósito claro e que valha a pena empenhar todo o seu potencial. E esse motivo jamais deve ser provar para as pessoas que você pode. Isso não depende de você. Faça por você e colha os frutos disso.

Pratique constantemente o foco no desempenho. É aqui que está todo o seu poder. Se puder lhe resumir o que esse conceito significa, eu escolho uma pergunta: "O que eu posso fazer para que tudo dê certo?" Mude a sua programação com essa pergunta!

Lidando com emoções negativas

- Quais novos comportamentos você terá de adotar para conquistar seus objetivos?

_____
_____
_____

- Quais comportamentos você terá de eliminar para conquistar seus objetivos?

_____
_____
_____

- Como você se sente em relação a isso? Quais emoções negativas são geradas?

_____
_____
_____

- Como você gostaria de se sentir?

_____
_____
_____

- Que tipo de pensamento pode lhe fortalecer?

- O que pode lhe inspirar?

- O que você faria se não tivesse esta emoção? Se tudo pudesse dar certo, como seria? Se nada pudesse dar errado, como seria?

- O que você poderia mudar para fazer desta situação uma situação mais positiva?

- O que mais você poderia fazer para virar o jogo?

Pilar do autoconhecimento

4. Você e suas competências

As pessoas encaram a palavra "incompetência" de uma forma muito dura, pejorativa. Ser incompetente nada mais é do que não possuir competência para fazer alguma coisa. Sou incompetente para cozinhar, jogar futebol, costurar, pintar, desenhar, enfim, para uma infinidade de coisas. Acredito que você também seja. E isso não faz de você uma pessoa fracassada.

O que realmente importa é que somos competentes para fazer outras coisas. E são essas coisas que nos levarão ao futuro que desejamos. O problema é quando queremos exercer determinada função e somos incompetentes, aí a vida torna-se bem complicada. E mesmo quando somos bons em alguma coisa, por diversas vezes nos sentiremos incompetentes, pois o mundo muda, somos apresentados a muitas novidades, temos o desejo de inovar e tudo isso nos obriga a adquirir novos recursos.

Eu o desafio a encontrar algum profissional, por mais brilhante que seja, que nunca tenha se sentido incompetente. Posso lhe garantir, não existe! Como também posso lhe garantir que os profissionais mais brilhantes que conhecemos na história da humanidade prosperaram em suas profissões mesmo sendo incompetentes em outras. Esse é o grande segredo das nossas competências: nunca seremos excelentes em tudo, por um simples motivo: Não é necessário.

As organizações são compostas por pessoas que possuem habilidades complementares. Logo, cada uma tem de ser excelente na sua posição. Alerto para essa questão, pois o que tenho presenciado são profissionais que passam a vida toda buscando conhecimento e habilidades que complementem o seu perfil profissional. Não há nada de errado com isso,

140

desde que não se esqueçam de investir muito mais tempo e energia naquilo em que são verdadeiramente competentes. Um profissional não é reconhecido no mercado por fazer bem várias coisas, mas, sim, por ser espetacular em alguma coisa. Portanto, a grande pergunta é: No que você pode ser espetacular? E mais, qual é a sua missão profissional? Ao responder a essas questões, as próximas perguntas são: Quais competências preciso para potencializar meus resultados? O que posso fortalecer e o que posso melhorar para ir além? Não quero dizer que você deve deixar de lado suas fraquezas – longe disso – mas que seu foco deve estar sempre apontado para seu diferencial competitivo próprio.

O grande segredo para ser competente em algo é transitar por todos os elementos que compõem uma competência, representados pela sigla CHAR (conhecimento, habilidades, atitudes e resultados). Vamos compreender isso melhor.

Imagine que você tenha acabado de ser promovido para uma nova área e terá de lidar com uma equipe com integrantes de um perfil completamente diferente ao que você estava acostumado. Nesse momento, é natural que se sinta incompetente, então terá de tomar uma decisão sobre o seu desenvolvimento:

1. **Conhecimento:** O que preciso aprender? O que preciso estudar?

    Exemplo: Aprender mais sobre a nova área; estudar mais sobre comportamento humano.

2. **Habilidades:** O que preciso melhorar no meu jeito de fazer? O que é fundamental saber fazer?

    Exemplo: Melhorar a comunicação; administrar eficientemente o tempo; ampliar a capacidade de liderar pessoas.

Pilar do autoconhecimento

3. **Atitudes:** O que preciso melhorar no meu jeito de agir? Exemplo: Ser mais flexível; agir com mais cautela; ser menos impulsivo.

4. **Resultados:** Quais resultados comprovarão que estou adquirindo a nova competência? Exemplo: Satisfação da equipe; baixa rotatividade de colaboradores; alcance de metas.

Portanto, guarde o que vou lhe dizer: ser incompetente é uma escolha. Se você realmente quiser se desenvolver em algo, precisará se esforçar e buscar o CHAR que aquela função exige.

A seguir, uma ferramenta que o auxiliará a projetar o seu desenvolvimento é o PAP (plano de ação pessoal).

Plano de ação pessoal

Competência	Prazo	Evidências
Qual competência quero adquirir?	De: ___/___/___ Até: ___/___/___	Como vou saber que cheguei lá?

Quais ações são fundamentais para adquirir essa competência?

Conhecimento	Prazo
O que preciso aprender?	De: ___/___/___ Até: ___/___/___

Habilidades	Prazo
O que preciso saber fazer?	De: ____/____/____ Até: ____/____/____

Atitudes	Prazo
O que preciso melhorar no meu jeito de agir?	De: ____/____/____ Até: ____/____/____

O pilar da autogestão

O líder como gestor da sua própria evolução

Se você chegou até aqui, já deve ter compreendido a riqueza dessa metodologia. O primeiro passo foi concluído: tomar consciência de como assumir o controle do seu desempenho e por meio dele conquistar os melhores resultados.

Ficarei plenamente realizado se você estiver mais esclarecido sobre o processo de coaching e de como as suas ferramentas podem contribuir com o seu desenvolvimento: valores, crenças, emoções, propósito de vida, missão, enfim, são muitos os elementos que contribuem ou limitam nosso caminhar rumo aos objetivos pessoais e profissionais.

Uma pessoa que consegue em seu cotidiano fazer aquilo que gosta, que atende seus mais importantes valores e que a aproxima do seu propósito de vida, será contemplada com crenças fortalecedoras, emoções positivas e, certamente, o alcance dos objetivos será natural, com menos esforço (emocional) e com um enorme sentimento de realização. Essa é a essência do nosso primeiro pilar – o autoconhecimento. A partir dele e somente dele é possível conquistar o mais importante de todos os elementos da liderança – a autogestão, a capacidade de gerir os próprios comportamentos. E tudo o que você aprendeu até agora lhe será muito útil para isso. Só depende de você!

E para começar a treinar a autogestão, é fundamental que durante a leitura, você pratique as atividades propostas, pois, dessa forma, vivenciará as lições apresentadas neste livro.

Encerro aqui esse capítulo sobre autogestão. Isso mesmo, uma única página para resumir a única coisa que você precisa saber para colocar a autogestão em ação: o problema é seu! Desculpe se pareci grosseiro, mas não tem um jeito mais direto de dizer que só depende de você.

Compreendido isso, agora você está pronto para devorar os próximos capítulos, inclusive o pilar a seguir, o pilar da execução.

Pilar da execução

As decisões do líder como um impulsionador de desempenho

Liderança estratégica
Como se tornar um líder estratégico?

A empresa é diferente, mas geralmente ouço a mesma frase ao iniciar um processo de coaching executivo: "Alexandre, preciso de líderes mais estratégicos e menos operacionais!". Essa tem sido uma das minhas grandes missões nas organizações e aprendi, na prática, que a solução é mais simples do que parece. Simples, mas não fácil.

Quando me perguntam: "Alexandre, o que é necessário para tornar-se um líder estratégico?" É fato que eu poderia escrever um livro sobre isso, mas uma resposta resume bem o caminho para construir uma liderança menos operacional: "Quanto mais tempo o líder dedicar-se ao desenvolvimento de sua equipe, mais tempo lhe sobrará para investir em atividades estratégicas."

Não tem segredo; tem é muito trabalho. Em qualquer área da vida é assim, para ganhar temos de investir. Portanto, se quiser ganhar tempo, invista tempo para preparar as pessoas.

Com o coaching, aprendi o que é verdadeiramente desenvolver pessoas. A grande missão de um coach é preparar as pessoas para a autogestão, ou seja, a capacidade de gerir suas próprias emoções, atitudes e comportamentos para que tomem decisões de maneira assertiva e congruente.

E como um líder pode proporcionar isso para a sua equipe? É preciso atentar-se a dois pontos: o desenvolvimento da capacidade de julgamento e a tomada de decisão das pessoas. Competências técnicas são importantes, mas isso você compra, ensina.

Muitas empresas gastam milhões treinando as pessoas para serem os profissionais mais eficientes do mundo, mas não as preparam para julgar e tomar decisões. Posso treinar meu guarda na portaria da forma mais dedicada possível, mas se ele não tiver condições de julgar e tomar decisões corretas, a eficiência operacional não valerá nada. Eu o ensinei a como falar "bom dia", como acionar o relógio etc., mas ele breca o presidente da empresa ou não atende um cliente com urgência... O que é isto? Julgamento e tomada de decisão.

E como fazer isso?

Pilar da execução

Simples: conversando com as pessoas! Tornando-as parte das tomadas de decisão, resolvendo os problemas conjuntamente, desafiando o seu time a olhar para as situações e enxergar no meio do nevoeiro alguns caminhos, conectando as causas e as consequências (isso aqui está acontecendo por causa disso; se eu fizer isto, acontecerá aquilo). Para tornar-se um líder estratégico, você precisará de gente capaz de raciocinar.

Se você, líder, não preparar as pessoas para encarar as mais diversas situações do cotidiano, nunca conquistará profissionais que possuam a capacidade de decidir. A capacidade de decisão necessita de coragem e preparo para acontecer. Ousadia é fundamental, mas ousadia sem preparo é inconsequência. As organizações do futuro tendem a participar cada vez mais com os colaboradores das decisões. Portanto as pessoas devem adquirir o comportamento de analisar os cenários constantemente para que as decisões possam ser tomadas com a velocidade e assertividade que o mercado necessita.

Amigo, não conheço a sua rotina de trabalho, mas já desenvolvi muitos líderes em minha carreira. E todos, sem exceção, descobriram a mais simples verdade da liderança: o sucesso de um líder é proporcional à qualidade do tempo investido no desenvolvimento das pessoas.

Por fim, talvez a dica mais importante deste capítulo: não terceirize esse desenvolvimento. Você pode contratar o melhor treinamento do mundo para a sua equipe, mas eu lhe garanto: o desenvolvimento que você proporciona à sua equipe é, e sempre será, o mais eficiente (e inesquecível) de todos.

Então, já vimos que para conquistar uma liderança estratégica, a primeira ação é desenvolver as pessoas. Mas este é o primeiro passo.

Vejamos a seguir mais três ações para tornar-se um líder verdadeiramente estratégico.

Resolução de problemas

Assim como as empresas querem líderes mais estratégicos, os líderes, por sua vez, querem uma equipe que focalize mais soluções em vez de problemas. Portanto, vamos falar sobre o líder que ensina a sua equipe a resolver problemas. E o coaching pode ser uma excelente ferramenta para mudar o foco da sua equipe e tornar menos tortuosa a forma de se encarar um problema.

Quando converso com líderes sobre esse tema, muitos me dizem: "Alexandre, sei resolver problemas, faço isso todos os dias e nunca precisei de metodologia para isso!" Minha resposta é: "Você pode ter a sua metodologia, mas você sabe ensiná-la para as pessoas?" É isto que estou propondo aqui: uma metodologia que pode ser ensinada aos seus colaboradores. Não tenho a pretensão de ensinar os líderes a resolver problemas, mas que o líder resolva os problemas com o seu time, desenvolvendo uma equipe estratégica.

Invista parte do seu tempo resolvendo problemas com as pessoas e logo não precisarão de você para resolvê-los. Este é o caminho para tornar-se um líder mais estratégico!

Para isso, vamos aprender a resolver problemas com alguns ensinamentos lógicos e simples:

1. **"Nenhum problema pode ser resolvido pelo mesmo estado de consciência que o criou" (Albert Einstein):**

    Fato é que nós nunca resolveremos um problema, pensando no problema; devemos focar na solução. Portanto, a primeira etapa para resolver um problema é perguntar: "O que nós queremos em vez disso?" Isso fará a sua equipe a pensar no que realmente importa, a solução.

2. **Nenhum problema é tão grande que não possa ser resolvido em pequenas partes gerenciáveis:**

Estamos acostumados a enxergar o problema como ele se apresenta. Logo, o "monstro" parece muito maior do que realmente é. Mais uma vez, não foque no problema, busque identificar suas causas e as soluções desejadas. Pergunte: "O que está gerando este problema?".

3. **Não procure os culpados, mas quem pode resolver:**

Procurar os culpados no momento de resolver um problema é gerar um estado emocional inapropriado, criando assim um novo problema. Delegue as soluções para quem puder ajudar, resolva o problema e, posteriormente, apare as arestas. Não deixe de conversar com os responsáveis pelas causas do problema, mas faça isso na hora certa.

4. **Compartilhe a resolução do problema:**

Dessa forma, você desenvolve o seu time e permite que as pessoas aprendam, cresçam e repitam o comportamento positivo sempre que necessário.

5. **Certifique-se de que o problema foi solucionado:**

Essa é uma das lições do coaching que me encanta. Um problema só pode ser considerado resolvido, se pudermos garantir que não acontecerá novamente. Acompanhe a resolução do problema e crie evidências para a sua resolução.

Resumindo, para resolver um problema bastam cinco questionamentos que você, líder, deve ensinar para o seu time:

1. Qual é o problema?

2. Qual é a solução que desejamos?

3. Quais são as causas do problema? Como podemos solucioná-las?

4. Quem é o responsável por cada etapa?

5. Como podemos garantir que o problema não ocorrerá novamente?

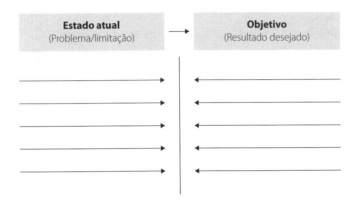

Como utilizar a ferramenta

1. Qual é o problema? O que está nos limitando a conquistar o que desejamos?
2. O que queremos em vez disso? Qual é a solução que desejamos?
3. Quais são as causas do problema? Como podemos solucioná-las?
4. Quem é o responsável para cada etapa?
5. Como podemos garantir que o problema não ocorrerá novamente?

Tomada de decisão assertiva

Nesses anos de atuação como coach, uma certeza se tornou cada vez mais presente: somos frutos das nossas decisões. O que decidimos hoje determinará a nossa vida no futuro.

Pilar da execução

Também aprendi outra lição: quando deixamos de decidir, ainda assim, estamos tomando uma decisão, pois a postergação trará consequências e, geralmente, são mais prejudiciais do que as consequências de uma decisão equivocada. Uma decisão equivocada nos dá a chance de corrigir o problema, aprender e não repetir o erro. Já a falta de decisão aumenta o problema, tornando-o, na maioria vezes, irreversível.

E esse comportamento de postergação, quando se faz presente nas organizações, prejudica consideravelmente os resultados. Um profissional que não tem a capacidade de decidir, geralmente empurra o problema com a barriga ou transfere a responsabilidade para outras pessoas, gerando conflitos, insatisfação e, consequentemente, prejuízos. As indecisões no alinhamento das estratégias, na resolução dos problemas internos, no atendimento às solicitações dos clientes, enfim, em qualquer situação, por mais irrelevante que pareçam, podem levar um pequeno problema a dimensões desnecessárias.

Decisão = Coragem + Responsabilidade

Imagine que você seja funcionário de uma companhia aérea, o voo foi cancelado por problemas técnicos e os clientes estão diante de você cobrando uma solução. O que você faz?
1. **Prefiro não fazer!** É melhor que alguém responsável resolva.

    Você não teve coragem de se comprometer com a solução do problema. Se alguém resolver por você, a responsabilidade não é sua.

2. **Faço o que mandaram fazer!** De maneira sucinta, independentemente de gostarem ou não, transmito a mensagem indicada pela empresa.

Você teve coragem de transmitir a mensagem, mas não se responsabilizou pela resolução do problema. Se não gostarem, paciência, você está seguindo as normas da empresa.

3. **Contorno o problema!** Digo o que for preciso, podendo ou não cumprir, para acalmar os clientes.

Você teve coragem de enfrentar a situação, mas não foi responsável o suficiente para encontrar soluções que efetivamente resolvessem a questão. Contornar o problema não é sinônimo de comprometimento com a empresa, mas de irresponsabilidade com a perenidade do negócio, afinal, uma situação mal resolvida cobrará o seu preço mais cedo ou mais tarde.

4. **Resolvo o problema!** Analiso todas as possibilidades, converso francamente com os clientes e somente me dou por satisfeito quando encontrar uma solução para todos.

Você teve coragem para encarar o problema, comprometeu-se com o cliente e foi responsável ao buscar todas as informações necessárias para solucionar verdadeiramente a situação.

Decisão = Preparo

Por que muitas pessoas não tomam decisão? Por insegurança! A insegurança é fruto do medo, que, por sua vez, é fruto do desconhecido. Portanto, quando temos de tomar uma decisão e não temos informação suficiente sobre o assunto, o medo se apresenta, causando a insegurança, que gera a dúvida. Nesses casos, a melhor opção é "ficar em cima do muro" e não decidir.

Logo, o melhor caminho para uma tomada de decisão veloz e assertiva é o preparo. O preparo vem da observação, da experiência e da capacidade de buscar novas informações. O profissional que se preocupa em conhecer as mais diversas áreas da empresa, a concorrência, o mercado e se atualiza frequentemente sobre as novas tendências da sua profissão, torna-se mais confiante e apto a tomar as melhores decisões no momento certo.

A coragem é fundamental para a tomada de decisão. No entanto, sem preparo, é agir de maneira inconsequente. Ousar saltar de paraquedas é coragem, não se preparar é ser inconsequente.

As organizações do futuro tendem a participar cada vez mais com os colaboradores das decisões. As pessoas que adquirirem o hábito de analisar os cenários e tiverem a capacidade de julgar e decidir com velocidade e assertividade ganharão destaque e conquistarão espaços importantes nas estratégias organizacionais.

Decisão = Planejamento

Sabemos que algumas decisões requerem uma atitude imediata, muitas vezes sem qualquer tempo para pensar adequadamente sobre o assunto. Nesses casos, o tempo que você investiu e investe no seu preparo lhe será muito útil.

Agora, quando você tiver a possibilidade de se preparar mais adequadamente para tomar uma decisão importante, alguns pontos devem ser levados em consideração:

- O que eu ganho com essa decisão?
- O que perco com essa decisão? Como posso minimizar essas perdas?
- O que me garante que isso vai dar certo?
- Quais são os riscos dessa decisão? Como posso minimizar os riscos?

- De quem mais depende para que essa decisão apresente os resultados esperados? Se não puder contar com essas pessoas, o que posso fazer para que a decisão dependa apenas de mim?

Algumas dicas para tomar decisões com maestria:

- Cuidado com a impulsividade! Planeje-se para tomar decisões com segurança.
- Seja um agente de soluções – atualize-se e busque novas informações constantemente.
- Alie ousadia e preparo para não tomar decisões inconsequentes.
- Não postergue! Entre em ação e faça as coisas acontecerem.
- Seja proativo na busca de soluções! Não permita que a reatividade prejudique suas decisões.
- Comprometa-se com as suas decisões. Por mais que você divida as decisões com outras pessoas, a responsabilidade pelos resultados é sua.

Por fim, tomada de decisão é a capacidade de se preparar continuamente para se antecipar às constantes mudanças do mundo corporativo. Coragem, responsabilidade, preparo e planejamento são competências fundamentais para decidir certo e no tempo certo!

Gestão produtiva do tempo

A frase mais comum que ouço em minhas sessões de coaching é: "Não tenho tempo para nada!" Uma frase típica de executivos que possuem grandes atribuições, porém uma frase típica também de diversas pessoas que muitas vezes

Pilar da execução

não têm tantas atribuições assim. Por outro lado, conheço profissionais que, mesmo com suas enormes atribuições diárias, viagens, mestrados, família etc., ainda conseguem tempo para malhar, escrever, relaxar, dedicar-se aos filhos, enfim, viver com qualidade.

Qual é a diferença?

No processo de coaching, entendemos isso como uma crença, ou seja, por mais verdadeiro que possa parecer para você sua falta de tempo, é algo que pode prejudicar o alcance dos seus objetivos. E como toda crença limitante, deve ser quebrada. Não podemos negar, o dia tem 24 horas e pronto!

Então, o grande segredo é a maneira como vivemos estas 24 horas, como administramos o nosso tempo. Pessoas de sucesso, digo sucesso pessoal e profissional, conseguem não só administrar seu tempo, como também se disciplinar para seguir o que foi planejado.

Isso mesmo, para usarmos melhor nosso tempo, precisamos de planejamento e disciplina. É muito comum a administração do tempo morrer no planejamento, sabe por quê? Porque geralmente nós nos sabotamos quando temos de delegar ou abdicar de algumas ações que não são importantes, mas que proporcionam prazer e conforto. Não existe mágica, existe consciência! Se não quiser sabotar o seu planejamento, torne consciente tudo o que pode impedir essa conquista.

O tempo como estratégia

É fato que um líder não pode mais investir o seu precioso tempo somente em questões burocráticas e operacionais. As organizações precisam ser ágeis e dinâmicas para competir em um mercado cada vez mais disputado.

Portanto, o líder deve investir o seu tempo na estratégia, na motivação da equipe, na retenção de talentos e na inovação. Para isso, precisará planejar-se e desenvolver a sua equipe constantemente para que possa delegar e, dessa forma, expandir a sua atuação.

Não apenas os líderes, mas todo profissional deve compreender que o seu tempo deve ser investido em ações que tragam resultados e que ele, diariamente, precisa fugir das distrações que o impedem de ser produtivo.

Christian Barbosa, especialista em produtividade pessoal, afirma: "Os líderes gastam pelo menos dois terços do seu tempo com coisas urgentes e menos de um terço em coisas importantes. Quando 70% do seu tempo deveria estar focado em coisas mais importantes e 30% em coisas mais simples." E complementa: "É um círculo vicioso: líderes urgentes vão criar equipes urgentes, equipes urgentes vão criar famílias urgentes e crianças urgentes..."

Como o especialista orienta:

> Os profissionais precisam conhecer o seu ponto produtivo e, para isso, precisam mudar não só hábitos, mas o modelo mental que vem antes dos hábitos. O grande pilar da produtividade é a pessoa entender que ela tem um modelo mental vigente, o modelo de deixar para última hora, de deixar para depois. Em vez de deixar as coisas para a última hora posso fazer com dois, três dias de antecedência e ficar mais tranquilo, esse é o pilar que o profissional do futuro precisará desenvolver.

Vejamos, a seguir, o modelo de administração do tempo que utilizo em minhas sessões de coaching e que tem mudado a vida de muitas pessoas.

Pilar da execução

1. Encontre os dois fatores mais importantes da sua gestão de tempo – ponto produtivo e sabotadores.

Ponto produtivo	Sabotadores
Onde sou mais produtivo? Quais atividades geram resultados efetivos?	O que prejudica o meu tempo? O que é mais gostoso de fazer, que não gera muitos resultados, mas que me tira do que é preciso fazer?
O que efetivamente precisa ser feito? Você pode não gostar, mas precisa ser feito!	Como minimizar esses sabotadores, sem necessariamente eliminá-los?
Maximize! **Inclua na agenda como prioridade.**	**Minimize!** **Encontre-os, aprenda a conviver com eles e discipline-se.**

2. Classifique as suas ações nos seguintes quadrantes:

Prioridades	**Importantes**
O que me traz grandes resultados?	O que precisa ser feito?
Prioridade é tudo aquilo que é tão importante que merece ter dia e horário previamente agendados para acontecer.	Não tem como definir uma data específica, mas jamais poderá deixar de ser feito, pois o prejuízo pela postergação é imenso.
Urgentes	**Desnecessárias**
O que tem de ser resolvido imediatamente?	O que preciso eliminar ou minimizar na minha vida?
Urgências são, além dos acontecimentos inesperados, coisas prioritárias e importantes que você não fez no tempo certo.	Tem coisas que você faz por hábito, mas que não contribuem em nada na sua vida. Não estou falando dos momentos de lazer, e sim dos desperdícios de tempo e energia.

3. Ensine sobre gestão do tempo para a sua equipe.

Não guarde as estratégias de gestão do tempo apenas com você. Dissemine isso para o seu time. Faça as pessoas a focarem em ações que proporcionem resultados efetivos e principalmente, ajude-os a livrar-se dos sabotadores diários que impactam diretamente na performance e resultados. Orientação e organização é o caminho para uma gestão de tempo produtiva.

O resultado na sua gestão

As sete decisões do líder para impulsionar talentos, negócios e carreiras

Continuar a leitura a partir deste ponto é uma decisão sua. Se você deseja, além do conhecimento adquirido até o momento, entender os caminhos para aplicar essa metodologia nos seus negócios, potencializando as pessoas para alcançarem o melhor desempenho, os próximos capítulos serão de enorme contribuição.

E mesmo que a única coisa que lhe interesse neste livro sejam os capítulos a seguir, passar por toda a leitura anterior, praticar as ferramentas e compreender o processo de coaching profundamente é indispensável. Indispensável, pois o líder que compreender os elementos que movem uma pessoa conseguirá mantê-la focada e motivada para empenhar o seu melhor todos os dias. No entanto, o líder somente terá um real êxito nesse quesito se tiver a consciência de como esses elementos atuam em seu próprio sistema. Como atender os valores de um colaborador, sem reconhecer seus próprios valores? Como lidar com as crenças limitantes da sua equipe, se desconhece o poder das crenças em sua vida? Como engajar as pessoas para um propósito, se não definiu seu propósito de vida e sua causa como líder?

Você terá acesso a sete decisões que, se colocadas em ação de forma engajada, lhe proporcionarão uma liderança verdadeiramente enriquecedora que promoverá, em conjunto com o seu time, resultados efetivos e duradouros:

1. Engajar as pessoas para resultados.
2. Eliminar os sabotadores de desempenho.
3. Criar ambientes saudáveis.
4. Impulsionar o desempenho das pessoas.
5. Criar uma equipe estratégica.
6. Promover o altruísmo.
7. Implantar uma visão de resultados.

Uma nova visão de liderança

Eu quero que você vá além e pense em como aplicar essa metodologia no seu cotidiano como líder. Você perceberá que os próximos capítulos lhe farão pensar com a cabeça de um coach e explorar ao máximo das ferramentas apresentadas, tornando-as parte de uma estratégia vencedora de engajamento de pessoas e conquista de grandes resultados.

A partir de agora, prepare-se para uma nova visão de liderança. Mas, antes de seguir em frente, permita-me antecipar duas questões que poderão invadir seus pensamentos deste momento em diante: Será que o processo de coaching pode realmente ser aplicado na minha empresa? Será que dá certo?

Para responder a elas, prefiro apresentar um caso, e posso lhe garantir: os problemas organizacionais são muito parecidos, só muda o endereço.

Caso – Atlas Eletrodomésticos[1] – Leader coach aplicado

A Atlas Eletrodomésticos é uma das mais importantes indústrias brasileiras de eletrodomésticos. Especializada em fogões, a empresa está localizada em Pato Branco, Estado do Paraná. Fabrica cerca de 1.300.000 fogões por ano e possui aproximadamente 1.500 colaboradores. Exporta seus produtos para África, América do Sul e América Central. Possui 20% de market share no Brasil, posicionando-se em segundo lugar no mercado nacional.

O problema

Quando fomos contratados, a empresa passava por uma grande transformação na gestão. A nova direção teve de realizar várias mudanças, visando tornar a empresa mais profis-

---

[1] Confira o vídeo release do caso da Atlas em nosso site: www.institutoica.com.br/videos.

sional e prepará-la para a sucessão. Para tanto, a diretoria sentiu a necessidade de investir na equipe e concluíram que o coaching seria a ferramenta ideal para proporcionar essa evolução e plantar uma semente para despertar o interesse e a motivação nas pessoas em se desenvolver.

A empresa possuía um clima diferenciado, harmônico, mas o processo mostrou que muitas coisas precisavam ser resolvidas. As pessoas não conflitavam entre si e muitos problemas eram postergados para que não houvesse desentendimentos entre os pares de trabalho. Isso naturalmente causava um bloqueio em diversos processos.

O foco excessivo nos resultados fez com que a direção perdesse a atenção no ser humano em prol exclusivamente dos números, fazendo com que a rotatividade de funcionários, principalmente na linha de produção, aumentasse consideravelmente.

Além disso, a centralização da estratégia na diretoria fazia com que a coordenação assumisse um papel estritamente operacional e nada estratégico.

A solução

A empresa desenhou suas estratégias e precisava engajar e preparar as pessoas para a execução dos planos traçados. Era importante tornar o caminho para o alcance dos objetivos algo natural e prazeroso, sem traumas. O processo de coaching precisava inspirar as pessoas.

Os pontos fortes de cada membro da equipe tinham de ser exaltados e seus esforços direcionados para o lugar certo, maximizando a atuação. Uma coordenação mais estratégica precisava urgentemente ser construída, pois com a previsão do crescimento da organização, a diretoria obrigava-se a assumir novos papéis e não poderia guardar para si as estratégias e muito menos assumir individualmente o alcance dos indicadores.

Envolver toda a empresa foi o único caminho que trouxe a sinergia necessária para alcançar os resultados. Por meio de sessões individuais de coaching, reuniões e treinamentos. Permitimos que as pessoas participassem mais dos processos decisórios e trouxemos à tona diversas situações prejudiciais e limitantes à evolução para uma coordenação de alto nível e desempenho.

A diretoria redesenhou a estratégia, permitindo que cada membro da equipe assumisse seus indicadores e responsabilidades. Depois disso, cada diretor definiu o que e quem cobrar, alinhando a visão e potencializando o alcance dos resultados desejados.

A estratégia precisava correr nas veias de toda a equipe para que a Atlas pudesse atuar dentro de uma gestão verdadeiramente horizontal.

Os resultados

Resultados em números

24 executivos desenvolvidos:
- 16 apresentaram melhorias satisfatórias (67%).
- 6 apresentaram melhorias, mas não o suficiente (25%).
- 2 demissões (8%).

Desdobramento da estratégia em 95 indicadores:
- Resultados diretoria: média de 91,75% de atingimento.
- Resultados coordenadores: média de 94,53% de atingimento.

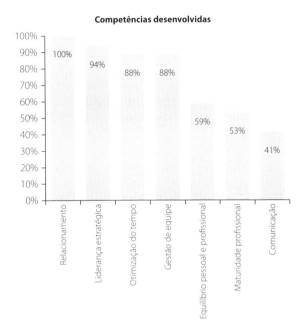

Resultados além dos números

- Disseminação dos indicadores, além da diretoria.
- Ampliação da visão da companhia sobre os resultados alcançados.
- Clarificação e disseminação das responsabilidades e autonomia de cada gestor.
- Clarificação para a diretoria das atribuições de cada colaborador.
- Criação de uma liderança mais estratégica com foco no desenvolvimento das pessoas.
- Desenvolvimento de competências essenciais de liderança para os coordenadores.

- Ampliação do número de reuniões com foco na resolução de problemas.
- Melhoria no relacionamento interpessoal e gestão de conflitos.
- Maior autonomia e profissionalismo da equipe.
- Fortalecimento do relacionamento entre os encarregados e suas equipes.
- Maior engajamento da equipe com os resultados da empresa.
- Diminuição de custos.

Quer saber como alcançamos esses resultados? Então, eu lhe convido a mergulhar de cabeça nos próximos capítulos e descobrir o passo a passo para implantar uma cultura de coaching na sua empresa.

Leadership coaching

O processo de coaching para líderes

Eis a ferramenta que utilizamos em todos os pilares deste livro. O leadership coaching é um processo de coaching voltado para a potencialização da liderança. Pode ser utilizado para o desenvolvimento de um indivíduo ou de um grupo de pessoas, e tem como objetivo a melhoria no desempenho dos líderes, aumentando o nível de resultados positivos da equipe, da empresa e dos negócios.

É um processo que auxilia os líderes para que foquem em metas, resolução de problemas, utilização dos talentos e potencial máximo da equipe, bem como prepara o líder para trabalhar com estados emocionais e crenças autolimitantes que interferem em seu desempenho e no do seu time.

O processo habilita o líder para atuar como um leader coach, oferecendo coaching informal e formal por meio de técnicas, ferramentas e metodologias, elevando substancialmente os resultados da equipe.

O líder e o coaching – quebrando os mitos

Um líder pode realizar processos de coaching com os seus colaboradores? Esta é a pergunta que geralmente ouço em meus treinamentos e palestras sobre liderança. E gosto de responder de maneira bem simples: não!

Calma, deixe-me explicar o não. Quando falamos em um processo de coaching formal, um coach irá adentrar em diversos aspectos durante o processo, e um líder, por melhor que seja a relação que ele tenha com as suas equipes, dificilmente conseguirá um real envolvimento dos seus colaboradores no processo, pois muitas vezes o inibidor de resultados das pessoas pode transitar por elementos que o constrangerão a expor da mesma maneira que ele faria com um coach externo.

Isso não quer dizer que um líder não possa aplicar coaching em suas equipes. A afirmação anterior apenas esclarece que um líder não conquistará resultados tentando praticar o coaching formal, mas pode conhecer o processo de coaching para aplicá-lo de maneira informal, ou seja, não é necessário dizer que está fazendo coaching, apenas faça!

Sei que neste momento muitas dúvidas se apresentam, e isso é muito bom, mas fique tranquilo, não vou deixá-lo com todas elas. Vamos compreender algumas premissas do coaching e como pô-las em prática em seu cotidiano como líder.

1. **Compreenda o verdadeiro conceito do coaching:**
Coaching é uma metodologia de desenvolvimento humano que visa a potencializar as pessoas. A palavra

"potencializar" tem uma força enorme neste contexto. Ela nos faz compreender que independentemente dos resultados conquistados por uma pessoa, ela pode ir além. Portanto, o coaching não serve apenas para corrigir comportamentos, mas, sim, para ajudar a pessoa a extrair o melhor de si todos os dias.

Dica: A chave do processo é desafio. Não permita que as pessoas entrem na zona de conforto, pode ser irreversível.

2. **Olhe para os pontos fortes:** A palavra "potencializar" também nos remete a outro aprendizado. Invista naquilo que as pessoas têm de melhor. Uma pessoa quando consegue no dia a dia pôr em ação suas melhores habilidades, naturalmente alcança o seu melhor desempenho. Perdemos muito tempo tentando corrigir as pessoas e, por vezes, nos esquecemos de valorizar aquilo que realmente as destaca. Corrigir um ponto fraco é necessário, mas focar muito tempo nisso, abafa o potencial das pessoas.

Dica: Fique atento às cobranças que você tem feito para a sua equipe. Se está cobrando uma pessoa repetidamente pela ineficiência em uma tarefa, analise:

- A pessoa está no lugar certo, ou seja, ela pode pôr em prática o que tem de melhor? Se a resposta for não, tome uma decisão: coloque-a no lugar certo; faça valer a pena ou demita-a.
- A pessoa sabe fazer? Dedique um tempo de qualidade para o seu desenvolvimento. Muitos profissionais não colocam o seu melhor em jogo por não saberem como fazer. Entenda, o obvio não é obvio para todo mundo.

3. **Tenha conversas construtivas:** A essência do coaching é comunicação. Quando um líder compreende que uma

conversa pode ser um campo fértil para a construção de competências, ele consegue obter grandes resultados da sua equipe. Uma conversa construtiva é aquela que mobiliza a pessoa à ação, motivando-a a pôr um novo comportamento em prática ou até mesmo a repetir um comportamento de sucesso.

Dica: Siga algumas regras para uma conversa construtiva:

- **Naturalidade:** Não se preocupe com técnicas, seja você mesmo. Na maioria das vezes, o problema não está na maneira de se comunicar, mas na falta da comunicação.
- **Foco na ação:** O que é preciso desenvolver para fazer diferente? Como podemos evoluir esse comportamento? O que é preciso desenvolver para ir além?
- **Tenha conversas difíceis:** Muitas vezes deixamos algumas conversas para depois, por acreditar que serão constrangedoras, árduas, insolúveis, mas acredite, não ter essas conversas não facilitará as coisas. Quanto mais postergarmos, mais difíceis se tornarão.

4. **Faça as pessoas assumirem a responsabilidade:** Existe um princípio no coaching que enfatiza bem essa questão: "nós somos os únicos responsáveis pela conquista dos nossos objetivos". As pessoas, embora acreditem nisso, tem uma grande dificuldade para pôr isso em prática. É muito mais fácil terceirizar. Um colaborador chega para você e diz: "Temos um problema, o que devo fazer?" Um líder que nesse momento oferece a resposta "gratuitamente" não permite às pessoas assumir a responsabilidade, pois, ao dar a resposta, caso algo dê errado, a culpa será sua.

Dica: Ao ser apresentado a um problema, questione: "O que você acredita que podemos fazer para solucionar o problema?" E deixe uma coisa bem clara: "Faça o que tem de ser feito, estou aqui para lhe ajudar!" Uma dica importante – ao dar autonomia para que uma pessoa assuma a responsabilidade, permita o erro, caso contrário, você criará um senso de punição nas pessoas e isso as desencoraja.

Enfim, o coaching é mais fácil do que parece. É um modelo de ação estruturado que se resume a potencializar as pessoas para resultados extraordinários.

Quais resultados um líder com habilidades de coaching pode gerar para as organizações?

Curto prazo

Transformação de comportamento coletivo e individual que promova um ambiente desafiador e estimulante capaz de gerar a motivação necessária para empenhar todo o potencial da equipe.

- Melhoria do ambiente de trabalho.
- Aperfeiçoamento das competências gerenciais.
- Aumento de produtividade.
- Melhor relacionamento com clientes.
- Mais motivação e melhor relacionamento entre as pessoas.
- Mais qualidade da comunicação em sua organização.
- Desenvolver uma atmosfera correta para execução das atividades entre diferentes departamentos, setores e pessoas.
- Tornar as pessoas comprometidas com os resultados organizacionais.

- Que cada centavo investido em treinamento realmente traga resultado!

Médio e longo prazos

Criar uma cultura de coaching na organização, onde os colaboradores possam se autodesenvolver constantemente em busca de objetivos pessoais e profissionais aliados aos objetivos da empresa.

- Retenção de talentos.
- Aumento da qualidade dos serviços.
- Minimizar os problemas que as mudanças trazem.
- Antecipar-se e responder às constantes necessidades dos clientes.
- Melhorar os resultados em todas as áreas.

Uma nova liderança se faz necessária!

Permita-me quebrar alguns tabus sobre um tema cada vez mais em evidência no mundo corporativo: a tão temida e questionada geração Y. No meu trabalho como desenvolvedor de líderes, perdi a conta de quantas vezes ouvi lamentações de gestores sobre as dificuldades enfrentadas com os jovens profissionais. Descaso, pressa, imaturidade e falta de visão de carreira encabeçam a lista das inúmeras características negativas apontadas pelas organizações.

Primeiro, vou deixar uma coisa bem clara: independentemente de idade, sexo, geração ou profissão, sempre teremos pessoas brilhantes, outras esforçadas e uma grande parte, infelizmente, medíocres. E com a geração Y não é diferente!

No entanto, quero apresentar outro lado da história. A geração Y tem ocasionado uma grande revolução no modelo de gestão e liderança das empresas. E isso, naturalmente, tem incomodado gestores mais conservadores e, por que não dizer, antiquados.

Conversando com o diretor de uma respeitada organização, ele reclamava da nova geração, enquanto alimentava suas planilhas financeiras e analisava seus relatórios, tão importantes em sua rotina. Após alguns minutos de lamentação, perguntei-lhe: "Quantas horas por dia você dedica a conversar com as pessoas?" Ele respondeu: "Conversar? Como assim? Converso o tempo todo, delego atividades, faço solicitações, cobro resultados..." Então, continuei: "Deixe-me ser mais claro em minha pergunta: você estava dizendo que "fulano" não é comprometido com a empresa e que isso lhe preocupa. Pois bem, quantas vezes você já conversou com ele sobre o seu futuro na empresa? Quantas vezes você o chamou para conversar sobre os projetos e lhe pediu alguma opinião? Quantas vezes demonstrou gratidão e reconheceu o seu esforço? Quantas vezes você se interessou pelo desenvolvimento da carreira dele?" E enfatizei: "É isso que chamo de conversar!" Ele ficou calado por alguns instantes e me indagou: "Então quer dizer que a culpa é minha?" E, como um bom coach, preferi responder com outra pergunta: "Você acredita que fez tudo o que poderia ter feito para fazê-lo se comprometer com a empresa?" E novamente ele ficou calado por alguns instantes, com aquele olhar de quem não queria ter ouvido tal pergunta e respondeu: "Obviamente, não!"

E posso garantir, amigos, seu eu fizer (e faço constantemente) essas perguntas para diversos líderes, a resposta será a mesma.

A nova geração é diferente, pensa diferente, age diferente e quer coisas diferentes, isto é fato! Portanto, chega de lamentação! Antes de terceirizar a responsabilidade e julgar seu time, tenha a certeza de estar fazendo a coisa certa:

1. **Evolua rápido e sempre:** Pense diferente, aja diferente, seja diferente, não fique isolado no seu mundo. Abra a sua cabeça para as novidades. Você não precisa gostar de tudo, mas tem de estar atento ao que existe.

2. **Fale a mesma língua para estabelecer sintonia com as pessoas:** Entenda como pensam, agem, comunicam-se e utilize isso a seu favor.

3. **Importe-se com as pessoas:** Seja um impulsionador de carreiras, desenvolva o seu time, ajude-o a evoluir e amadurecer. Você somente conseguirá isso se, de fato, estiver disposto a conversar muito e na hora certa.

4. **Faça o seu time participar das decisões:** Jamais confunda falta de experiência com falta de inteligência. Muitas vezes uma cabeça mais "fresca" pode produzir ideias sensacionais.

5. **Desafie as pessoas continuamente:** O dinamismo é a palavra-chave dessa nova geração. Portanto, jamais deixe as pessoas se acomodarem, desafie-os sempre. Mas lembre-se que um desafio só vale a pena se trouxer alguma recompensa.

6. **Aceite que o mundo mudou:** As empresas mudaram e as pessoas também, logo, a nostalgia dos velhos tempos não o ajudará em nada. Viva o presente!

Por último, depois de uma conversa franca e esclarecedora como a que tivemos agora, quero deixar aqui uma pergunta que faço repetidamente aos líderes: Qual é o verdadeiro propósito de um líder?

Descubra nos próximos capítulos!

Engajar as pessoas para resultados

- Proporcionar às pessoas um real motivo para que elas queiram empenhar todo o seu potencial.
- Definir claramente quais são os resultados que as pessoas devem entregar e como precisam participar para garantir o alcance dos objetivos.

A palavra-chave de um leader coach é: "Resultados" E não há outra maneira de conquistar resultados que não seja engajando as pessoas e mantendo-nas motivadas e focadas.

Quando um líder sabe que conquistou o engajamento do seu time?

Quando consegue cobrar a sua equipe por resultados e não mais por comportamentos. Quando as conversas com a sua equipe são baseadas em estratégias e não mais em corrigir comportamentos negativos que estão prejudicando os resultados.

Portanto, vejamos a essência da liderança de resultados a seguir.

Desenvolver comportamentos – discutir estratégias – cobrar resultados

O caminho para construir uma liderança de resultados é árduo, mas incrivelmente possível. Para tanto, precisamos compreender:

- Um líder é capaz de desenvolver comportamentos se conhecer gente.
- Um líder é capaz de discutir estratégias quando as compartilha com o seu time.
- Um líder é capaz de cobrar resultados se compreender a importância e as estratégias de engajar pessoas.

Então, a grande pergunta é: Como engajar as pessoas?

Compreendendo o projeto de sua responsabilidade

O líder somente envolverá as pessoas se conseguir que elas se evolvam com o projeto. Exatamente isso, não é apenas o trabalho, e, sim, o impacto desse trabalho para os resultados da empresa. As pessoas precisam entender muito mais do que o trabalho que realizam, necessitam visualizar os resultados que esse trabalho deve gerar e saber exatamente os indicadores que lhes permitem acompanhar a sua evolução.

Entendendo a causa da empresa e do líder

As pessoas se comprometem com a causa da empresa ou do líder e não com a empresa ou com o líder. Esse é o ponto principal. As pessoas querem empenhar o seu potencial com empresas que se importem com o futuro e com as pessoas. Da mesma forma, as pessoas se comprometem com líderes que se importem com o seu desenvolvimento profissional. As pessoas não se comprometerão com uma empresa apenas porque ela é grande, mas porque querem construir seu futuro nessa empresa. As pessoas não seguirão um líder porque ele é capa de revistas de negócios, mas porque ele permite a elas aprender, crescer e contribuir com algo.

Um profissional pode admirar uma empresa, porém se a empresa não lhe proporcionar chances de crescimento profissional, não valerá a pena. O que posso conquistar dentro desta empresa? Só ganhar salário hoje não é suficiente.

É preciso que as empresas consigam responder às indagações dos profissionais:

- Aonde a empresa quer chegar? Vale a pena? Vai ao encontro dos meus ideais?
- Meu líder confia em mim? Ele se preocupa com o meu crescimento profissional?
- Aonde a empresa quer que eu chegue? Onde meu líder quer que eu chegue?

É fato: Quando as respostas das questões anteriores não estão claras, logo a minha visão de futuro se turva e me desmotivo.

Por que as pessoas não se comprometem?

Por que as pessoas não se comprometem?	Como o líder deve agir?
Tratamento padronizado	Compreender que as pessoas são diferentes, que não possuem os mesmos valores e as mesmas necessidades. É preciso compreender o que motiva cada um.
Quando não se sentem parte do processo	As pessoas precisam sentir que fazem parte das decisões e que são importantes na equipe. O líder precisa deixar claro para as pessoas o impacto do seu trabalho no resultado final da empresa.
Falta de visão de futuro e perspectiva de carreira	Deixar claro para as pessoas os planos da empresa em longo prazo. Aonde a empresa pretende chegar? Como as pessoas podem crescer com a empresa?
O profissional não tem uma visão pessoal	Ensinar o profissional a ter visão de longo prazo e executar um trabalho não pensando apenas em dinheiro – plantar para colher.

Por que as pessoas não se comprometem?	Como o líder deve agir?
Quando se sentem inseguras	As pessoas se sentem inseguras quando não sabem fazer o seu trabalho ou quando a empresa não lhe transmite a sensação de estabilidade. É fundamental que o líder desenvolva constantemente as pessoas e deixe sempre claro o que é preciso para seguir em frente.
Desalinhamento de valores	Para seguir na empresa, tenho de conflitar com alguns valores fundamentais na minha vida como: honestidade, qualidade de vida, família etc.
Quando o ambiente não é saudável	O ambiente é um ponto crucial para o comprometimento das pessoas. O líder precisa se esforçar para manter a equipe sincronizada, colaborativa e integrada.
Quando não são cobradas	A cobrança é um processo natural que precisa acontecer. O líder precisa entender o que está cobrando. As pessoas não se importam com cobranças, elas não suportam injustiças. O líder deve cobrar com assertividade e critérios.
Liderança ineficaz	Líderes com comportamentos inadequados: arrogância, egocentrismo, centralizador, quer ser o astro.

Estratégias para engajar as pessoas

1. Respeitar os sonhos de cada um
O líder pode realizar sonhos?

Para os mais racionais, a primeira resposta é "não!". Os líderes mais emocionais respondem sem pestanejar: "sim!". E quem está certo? Depende! Depende de como você quer ser lembrado enquanto líder. Depende do quanto deseja engajar as pessoas. Depende do quanto deseja conservar os melhores talentos ao seu lado. Até mesmo o líder mais racional do mundo tem seus sonhos e se mantém motivado e comprometido em uma organização – seja proprietário dela ou não –, porque aquela empresa, de alguma forma, contribui para o alcance dos seus anseios profissionais e pessoais.

Portanto, se deseja ter pessoas completamente envolvidas com o seu projeto, a resposta é simples: Sim, você pode ajudar as pessoas a realizar seus sonhos!

Ao conhecer os sonhos pessoais e profissionais de cada integrante de sua equipe, e procurar tornar-se um parceiro para a conquista desses objetivos, você terá profissionais motivados e comprometidos. Mesmo que um liderado não fique trabalhando para você por muito tempo, pelo menos naquele período terá o melhor profissional que poderia ter. E a pergunta importante a fazer é: Você sabe os sonhos de cada indivíduo de sua equipe?

O principal erro de um líder é deduzir que todos querem a mesma coisa, ou seja, "eu pago altas comissões, o que mais eles querem?" Exatamente, o que mais eles querem? Dinheiro não motiva todo mundo, apesar de essencial, para muitas pessoas o dinheiro é um meio – é importante para atender outros valores – mas não é o essencial. Ser promovido não motiva todo mundo. Muitas vezes um reconhecimento em público motiva muito mais um colaborador que o dinheiro. Uma carta de agradecimento, assumir um projeto audacioso, enfim, as pessoas possuem motivos diferentes para sentirem-se felizes. Chamamos isso de valores.

E como descobrir valores? Simples! Converse, pergunte! O que o motiva, o que o faz feliz? É o único caminho.

O que nos motiva na vida a termos determinados tipos de comportamento são os nossos valores, aquilo que acreditamos ser importante e valoroso para a nossa existência. Família, realização pessoal, sucesso, dinheiro, saúde, paz, enfim, são exemplos de valores que movem as pessoas. E os nossos sonhos estão intimamente ligados aos nossos valores. Se você perguntar para alguma pessoa qual é seu maior valor, pode ser que ela não saiba o que isso significa, mas se perguntar qual é o seu maior sonho, facilmente responderá: um sonho existe para que os meus valores sejam atendidos.

A única maneira de engajar alguém de fato é atendendo seus mais importantes valores. Portanto, é importante diferenciar entusiasmo de motivação. Pode-se ter uma equipe entusiasmada, mas esse processo é passageiro. Se o liderado está entusiasmado hoje, amanhã pode não estar mais.

Fazer uma festa na empresa, oferecer um prêmio que seja igual para todo mundo e pagar um bom salário são ações que entusiasmam as pessoas. A motivação está ligada a outros fatores. Ela só acontece se as pessoas entenderem que seus sonhos serão levados em conta e, consequentemente, seus valores serão atendidos.

Amigos, quando uma pessoa atua de maneira congruente aos seus mais importantes valores, naturalmente alcança o seu mais alto desempenho interior, que se reflete em ações de alta performance.

Líder, você pode ser um grande impulsionador de sonhos e resultados. Basta querer!

Caso – Realizando pequenos grandes sonhos

Há aproximadamente dois anos, uma microempresária de Pindamonhangaba participou de uma de minhas formações em leader coach. O depoimento dela após o curso me marcou muito e faço questão de compartilhar sempre que tenho oportunidade. Ela, que atua no ramo de animais domésticos, tinha como principal produto de sua empresa a comercialização de peixes ornamentais – muitos dos quais com um valor bastante considerável. E, durante o treinamento, ela compartilhou conosco que o funcionário mais importante que havia na empresa era o João, encarregado de cuidar dos peixes. Ela já havia perdido muito dinheiro com funcionários desastrados ou mal-intencionados que, devido aos maus cuidados, matavam os peixes. Mas o João era diferente – cuidadoso, comprometido, competente – e era necessário mantê-lo na empresa, feliz e motivado.

E ela me perguntou: "Alexandre, o que eu posso fazer para que o João fique na empresa e mantenha o bom trabalho?" Como um bom coach, em vez de dar uma resposta, preferi provocá-la e questionei: "Qual é o sonho do João?" Ela então respondeu: "Sinceramente, não sei! Preciso saber disso?" Minha resposta foi simples: "Depende do quanto você deseja engajar o João!" Ela ficou pensativa e percebi que alguma transformação aconteceria ali.

Exatos quinze dias depois ela me mandou um e-mail dizendo: "Querido Alexandre, entendi a sua provocação. Obrigada! Cheguei em casa naquela noite e não consegui dormir pensando no que me disse. Então, na segunda-feira, ao chegar à loja, antes de fazer qualquer coisa, chamei o João e fiz duas coisas. Em primeiro lugar, elogiei seu trabalho. Há tempos não fazia isso. Ele ficou surpreso e feliz.

Em seguida, perguntei a ele qual era o seu sonho. Fiquei emocionada com a resposta. Ele me disse que gostaria de presentear o filho com um computador. Percebi naquele momento que eu poderia realizar o sonho dele. Comprei o computador e o presenteei. João chorou e disse que não sabia como me agradecer. Então eu lhe disse que bastava ele continuar fazendo o bom trabalho. No dia seguinte, ele me agradeceu efusivamente, pois a emoção tomou conta de todos na sua casa. Entendi que, como líder, posso e devo ajudar a minha equipe a realizar seus sonhos. É mais fácil do que parece. Obrigada mesmo!".

O exemplo do João traz à tona a maior de todas as lições para assumir verdadeiramente o seu papel de líder: é preciso se importar com o futuro das pessoas. Sim, isso é sua responsabilidade. Assuma!

2. Aplicar os três sensos que engajam as pessoas

Aí vai uma dica espetacular do leader coach. Existem três coisas que fazem as pessoas arrebentarem no quesito motivação e comprometimento:

1. **Senso de participação:** As pessoas precisam sentir que fazem parte de alguma coisa e, principalmente, que fazem parte das decisões da empresa e que suas opiniões e críticas são ouvidas e lavadas a sério. Não tome decisões sozinho, não resolva problemas sozinho, não planeje sozinho. Compartilhe, discuta, debata. Participação motiva. Quando participo, eu me sinto parte, quando me sinto parte, eu me comprometo.

2. **Senso de realização:** As pessoas querem realizar coisas importantes. Mostre a cada dia que o trabalho de cada um é fundamental para a empresa. As pessoas realizam-se com demonstração de confiança

– desafios, novas responsabilidades. Chame um colaborador, apresente um projeto a ele e diga: "Você encara esse projeto comigo? É um grande desafio, mas confio em você!" Experimente fazer isso e veja os olhos do seu colaborador brilhar.

3. **Senso de reconhecimento:** Sem o reconhecimento, não vale a pena participar e realizar. O reconhecimento move as ações e reforça que estamos no caminho certo. É preciso dedicar tempo para pensar sobre formas de reconhecer a sua equipe. Atingiu as metas, valorize. Fez algo extraordinário, valorize. Mereceu, valorize.

Muitos líderes falham nesse quesito, pois não compreendem que o reconhecimento que realmente mexe com as pessoas é o somatório de dois fatores: racionais e emocionais. Explico:

- **Reconhecimento racional:** Aquele que é padrão, que todos recebem. Salário em dia, benefícios, prêmios, comissões, remuneração variável, enfim.

- **Reconhecimento emocional:** Aquele que surpreende, que foge do padrão, que é personalizado. O elogio em público, uma viagem para fazer um curso, a participação de um projeto especial, enfim, aquilo que só ele merece.

Não existe o reconhecimento mais importante, ambos precisam ser praticados constantemente. Um deles é possível padronizar, o racional. Já o emocional vem da observação, do respeito e do desejo de realmente engajar o seu time.

Quer uma dica de reconhecimento emocional que mostra quanto você se preocupa com o futuro das pessoas? Ofereça desenvolvimento: cursos, palestras, treinamentos. Invista na carreira das pessoas.

Perguntas poderosas

1. Como a sua equipe pode participar mais das decisões da empresa? Em quais momentos você pode compartilhar as decisões?

   _____
   _____
   _____
   _____

2. Como a sua equipe pode sentir que realiza alguma coisa verdadeiramente importante para a empresa?

   _____
   _____
   _____
   _____

3. Como você pode desafiar a sua equipe?

   _____
   _____
   _____
   _____

4. Quais as formas possíveis para reconhecer um bom trabalho realizado pelos colaboradores?

   _____
   _____
   _____
   _____

3. Compreender que estar na empresa não significa estar engajado

Permanência não significa engajamento. Muitas pessoas permanecem em uma empresa devido ao salário, benefício, medo de perder o emprego, enfim, os motivos são inúmeros. Mas este não é o ponto mais importante. A pergunta é: o que mantém as pessoas engajadas na minha empresa?

Para ajudar na sua conclusão, segue um estudo que realizamos com cinquenta grandes líderes do mundo corporativo para compreender os elementos que engajam as pessoas em uma organização. Vamos ao estudo:

Estudo mostra que, para a nova geração, reconhecimento motiva mais que alta remuneração[1]

Estudo exclusivo – Instituto de Coaching Aplicado

Eles querem *status*, satisfação pessoal e crescimento profissional. E, em busca desses objetivos, profissionais da geração Y veem o reconhecimento como o principal fator motivacional. Esse indicador foi obtido do estudo "O Mundo Corporativo do Futuro", e foi realizado por mim, e que deu origem ao livro *A Reinvenção do Profissional*. Foram entrevistados cinquenta profissionais, entre líderes, executivos, jovens empresários e especialistas de mercado e desenvolvimento humano, de quinze estados brasileiros.

"A nova geração está preocupada em construir uma carreira, em ser reconhecida e chegar ao topo. Portanto, se encontrar uma empresa na qual até ganhe muito dinheiro,

---

[1] Estudo realizado pelo Instituto de Coaching Aplicado, do qual sou fundador, com cinquenta grandes líderes do mundo corporativo.

mas não tenha oportunidades de crescimento, não aprenda e não seja reconhecida, ela se desmotivará. Pode até ficar na corporação, mas não porá todo o seu potencial em jogo."

O estudo revelou ainda que o item "conquistar um padrão de vida superior", com remuneração adequada e participação nos resultados, ficou em último lugar no estudo. "Para esses novos profissionais, oportunidade de crescimento e sentir-se parte também estão acima da questão salarial."

Confira o resultado sobre fatores motivacionais da nova geração:

1. Reconhecimento (gestos; elogios pessoais; resultados de suas ações; consciência do progresso constante): 43%.

2. Oportunidade de crescimento (orgulho da empresa; ver a empresa crescer; aprender; gestão baseada em meritocracia): 38%.

3. Metas claras e desafiadoras (planejamento bem-definido; clara definição de um propósito; ser cobrado; orientação): 30%.

4. Sentir-se parte (respeito; ser visto como um ser humano que pensa, tem opinião, que pode contribuir e entender os motivos pelos quais suas ideias não foram aceitas; ser ouvido; percebe que a empresa confia nele; autonomia): 24%.

5. Equilíbrio (o atendimento dos seus valores; alinhamentos dos seus objetivos com a empresa; realização de um sonho; respeito as suas individualidades; fazer o que gosta; qualidade de vida): 22%.

6. Relacionamentos saudáveis (caráter das pessoas; clima organizacional): 16%.

7. Conquistar um padrão de vida superior (remuneração adequada; participação nos resultados): 14%.

12.

Eliminar sabotadores de desempenho

> "Um líder não tem de motivar os colaboradores, mas identificar o que os desmotiva e se livrar disso."
> Srikumar Rao – London Business School

Para que o líder possa entender o que normalmente atrapalha o potencial de uma pessoa, vamos conhecer a teoria que deu origem à metodologia coaching: Inner Game, o jogo interior, de Timothy Gallwey.

Tim trabalhava como técnico de tênis. Observando seus atletas, percebeu que todos nós, independentemente do jogo, seja em quadra, no escritório ou nos palcos, vivemos uma ambivalência entre o jogo interno e o jogo externo, os quais ele denominou, denominados Self 1 e Self 2, respectivamente.

Trazendo isso para nossa vida profissional, podemos chamar de Self 2 (jogo exterior) o nosso trabalho, aquilo que fazemos, e Self 1 (jogo interior) as interferências que prejudicam que o processo ocorra da melhor maneira possível. O Self 1 está ligado ao julgamento interno, aos momentos em que nos deparamos com as nossas indagações, paradigmas e limitações internas que não nos deixam seguir em frente.

O Self 1 age como um treinador que, na maioria das vezes, não confia no seu atleta, o Self 2. E, a todo momento, sente a necessidade de interferir na ação, pois não acredita verdadeiramente que possa dar certo. Portanto, esse treinador julga, critica e prejudica, pois tem a necessidade de comandar o jogo exterior.

Esse conflito é minimizado quando o técnico confia mais no seu atleta, deixando de lado julgamentos que impossibilitam que a ação seja realizada de forma integral e congruente.

Um conceito enfatiza muito bem o jogo interior: "Antes de alterar as ações, altere as percepções e as ações acontecerão." Assim, percebemos a importância de mudar primeiro internamente para que a mudança exterior ocorra verdadeiramente. Nós somos do tamanho das nossas percepções.

Por isso é que você como líder deve estar ciente de que para mudar o jogo exterior de seu liderado deverá proporcionar mudanças no jogo interior deles para conseguir melhores resultados.

E para completar, essa metodologia nos remete a uma fórmula:

Potencial − Interferência = Desempenho

É importante que você, líder, perceba que, ao identificar e trabalhar as interferências que prejudicam o potencial de seu liderado, conseguirá minimizá-las e isso refletirá no desempenho que você tanto almeja de sua equipe.

Conhecer, identificar e eliminar os sabotadores de desempenho

É preciso mudar o foco, mudando a pergunta... Em vez de perguntar: como faço para motivar a minha equipe? Pergunte: o que impede a minha equipe se engajar com a empresa?

Para ajudá-lo a identificar os principais sabotadores do desempenho de sua equipe, preparamos um estudo e um teste que ampliarão a sua visão sobre os elementos que prejudicam o seu time.

Estudo: sete sabotadores do desempenho profissional[1]

Estudo exclusivo − Instituto de Coaching Aplicado

Letargia, frustração, desinteresse, impotência. Esses são sentimentos que a maior parte dos profissionais vai experimentar em algum momento de sua trajetória. Os motivos

---

[1] Matéria construída com base no estudo de Alexandre Prates, foi redigida por Juliana Cunha (*Folha de S. Paulo*) e contou com a colaboração de diversos especialistas: Cristiane Gonçalves, da KPMG, Elaine Saad, da Right Management, Eliana Dutra, da Pro-Fit, Eva Hirsch Pontes, da International Coach Federation, Margot Nick, da Kienbaum, Wagner Piolla, da Search, e Willian Bull, do Instituto Pieron.

podem ser vários, assim como as soluções, mas em um ponto todos os especialistas entrevistados por essa matéria concordam: poucas pessoas têm a capacidade de analisar criticamente seu desempenho e identificar o que vem sabotando sua produtividade.

Na maior parte dos casos, o que ocorre é uma insatisfação amorfa que a pessoa não sabe de onde vem nem para onde vai. Um monstro sugador da produtividade que se esconde na gaveta da empresa e por lá fica. O resultado do desconhecimento, claro, só poderiam ser decisões profissionais equivocadas.

Na tentativa de cortar esse ciclo, Alexandre Prates, especialista em desenvolvimento humano e desempenho organizacional formado pelo Behavioral Coaching Institute, desenvolveu uma pesquisa para tentar identificar os sete maiores sabotadores de desempenho profissional identificados por chefes e funcionários.

O estudo, que deu origem ao livro *A reinvenção do profissional*, durou um ano e meio e foi feito com cinquenta profissionais, sendo dezesseis empresários, líderes e executivos atuantes no mundo corporativo, dezesseis jovens empresários e dezoito especialistas de mercado e desenvolvimento humano vindo de quinze estados brasileiros.

Os entrevistados responderam questões abertas nas quais foram convidados a listar os fatores que – em suas experiências profissionais – tinham se mostrado mais prejudiciais ao desempenho. Depois disso, Alexandre agrupou as respostas em sete grandes grupos.

Na lista, é interessante perceber como existe praticamente um revezamento estabelecido: o primeiro item diz respeito mais diretamente à empresa, o segundo ao funcionário, o terceiro à empresa, o quarto ao funcionário e assim por diante. Nada mais didático que isso para mostrar quanto a perda de produtividade costuma ser uma culpa compartilhada dentro do local de trabalho.

Alexandre faz questão de chamar atenção para o fato de que esses sabotadores não costumam ser identificados pelos funcionários e nem são voluntários: "O profissional simplesmente não *quer* ser descomprometido, nem o chefe *quer* ser egoísta. O objetivo do estudo é justamente afastar esse simplismo. Claro que existem casos de falta de caráter dos dois lados, mas o que a gente vê na maioria das empresas é uma falta de comunicação e de avaliação coerente que termina trazendo o pior de cada um", define Alexandre.

Liderança ineficaz

Para Elaine Saad, responsável pelas operações da consultoria profissional Right Management no Brasil e na América Latina, um líder ineficaz é pior que toda uma equipe desajustada: "Um mau líder é como uma barreira física que simplesmente impede que qualquer bom resultado saia do seu setor. Ele não dá exemplo, não tem generosidade para ensinar nem para aprender e provavelmente se cercará de gente incompetente para se proteger", explica Elaine.

Ela afirma que a pior coisa que um líder pode fazer é não se posicionar: "Não se posicionar é ainda pior que tomar o lado errado porque deixa os funcionários desnorteados".

Como evitar esse sabotador: Para haver produção, é preciso que os funcionários tenham clareza daquilo que se espera deles e da utilidade das orientações que recebem. A forma mais simples de evitar a liderança ineficaz é compreendendo que líder não o melhor funcionário do setor, e, sim, a pessoa capaz de traduzir a cultura empresarial e os objetivos daquela empresa em orientações úteis para os demais.

Autossabotagem

Um funcionário que sempre teve alta performance de repente para de produzir. Letargia? Preguiça? Falta de compromisso? Para Eliana Dutra, especialista em coaching e diretora executiva da Pro-Fit, muitos caminhos levam à temida autossabotagem. Alguns deles necessitam de compreensão da chefia, como quadros de depressão, já outros precisam de uma conversa franca.

"O que o funcionário deve evitar acima de tudo é uma postura de vítima dentro da empresa. Ninguém contrata vítima nem promove vítima. Está insatisfeito com sua função ou com seu trabalho? Diga ao chefe ou ao RH e prove que pode fazer melhor", ensina Eliana.

Para ela, o funcionário que pratica autossabotagem porque visa uma demissão ou simplesmente se acomodou não tem visão de futuro, pois não percebe que essa atitude compromete os contatos dele e a imagem que ele vai carregar durante toda a vida profissional: "As pessoas precisam parar de achar que chefe é chefe e colega é cúmplice. Colega pode ser futuro chefe, futuro parceiro. Só quem não tem visão nenhuma de longo prazo acha razoável comprometer sua imagem diante dos colegas", diz Eliana.

Como evitar esse sabotador: Com uma autoavaliação sincera e frequente por parte do funcionário e com habilidade da chefia para chamar atenção da forma correta, explicando que vale mais a pena pedir demissão ou solicitar uma mudança de cargo do que manchar sua imagem profissional com trabalho desleixado.

Ambiente

A nova geração de profissionais que vem assumindo papel importante nas organizações buscam lugares agradáveis e saudáveis para que possa ficar e construir suas carreiras. Portanto, as organizações devem construir ambientes saudáveis, onde as pessoas sintam-se bem para que queiram produzir cada vez mais. Ambientes saudáveis são propícios à construção de relacionamentos saudáveis. E quando você tem um ambiente onde as pessoas queiram estar, provavelmente é lá que elas se sentirão motivadas a permanecer e prosperar.

Como evitar esse sabotador: Investindo no fortalecimento dos valores da empresa para que haja um conceito de "coopetição", no qual as pessoas cooperam internamente para competir externamente. Isso só é possível fazendo as pessoas participarem da empresa, trazendo a elas um senso de pertencimento.

Falta de entendimento da função

Como chegar a algum resultado sem saber o que a empresa espera? A falta de entendimento da função é um dos problemas mais primários que contratantes e contratados podem enfrentar e revela falta de diálogo e de clareza.

Para Margot Nick, gerente de Projetos do Search da Kienbaum, papéis bem-definidos e bem comunicados são a base do resultado: "Sem saber aonde ir, o funcionário não tem como chegar a lugar algum", afirma ela.

A falta de uma hierarquia claramente estabelecida na empresa e a falta de conhecimento que os funcionários têm da função um do outro são agravantes do problema.

Como evitar esse sabotador: Com orientações claras e um sistema eficiente de informação interna que permita que todos saibam suas respectivas funções e aquilo que se espera deles.

Falta de perspectiva profissional

"Ninguém dá o seu melhor quando desconfia que não está em uma relação justa, de reciprocidade", afirma Wagner Piolla, sócio da empresa de consultoria profissional Search.

Para ele, se a empresa falha em deixar claras as chances de crescimento e reconhecimento, o funcionário sempre estará estudando um plano B ou simplesmente se acomodando: "Um funcionário não pode ser um bom funcionário sem saber o que a empresa considera bom nem o que ele pode ganhar caso se entregue de corpo e alma".

"O momento da contratação é o mais apropriado para esse enquadre onde a empresa deve deixar claro o que espera e o caminho para a progressão na carreira", explica o consultor.

Segundo Wagner, a ansiedade de alguns funcionários em crescer rapidamente pode turvar essa conversa inicial. Nesse caso, ela deve ser sempre relembrada pela empresa.

Como evitar esse sabotador: Com uma boa conversa inicial, no momento da contratação. Essa conversa precisa ser bastante clara e sincera no sentido de especificar quais as atribuições da função e quais as perspectivas de crescimento e seus prazos médios. Se a empresa não cumprir as promessas dessa primeira conversa ou simplesmente não fornecer perspectivas a seus profissionais, não deve estranhar depois a desmotivação deles.

Estar no lugar errado

Estar no lugar errado é ruim, mas permanecer no lugar errado é ainda pior, explica Cristiane Gonçalves, gerente da área de People&Change da KPMG no Brasil. Para ela, um profissional não deve se acomodar e buscar sempre realizar um bom trabalho. Contra uma atitude acomodada, nada melhor que autoavaliação: "Ao menos uma vez por ano, o profissional precisa sair da correria mecânica do cumprimento de tarefas e se questionar sobre o que ele aprendeu, conquistou e acrescentou durante esses doze meses. Se a resposta não for positiva, talvez seja a hora de mudar de comportamento, de empresa ou até mesmo de área", ensina Cristiane.

Muitos profissionais permanecem em um trabalho que não gostam e usam o dinheiro para justificar essa permanência. O que se observa na prática é que nem sempre essa remuneração é tão alta assim para justificar o sacrifício e que a pessoa poderia ganhar o mesmo valor em outro lugar. O dinheiro, nesses casos, acaba sendo uma desculpa para o conformismo. Muitas vezes, é mais fácil alegar subsistência ou até ambição – um valor bem visto no mercado de trabalho – do que assumir o conformismo.

Como evitar esse sabotador: Sendo sincero e crítico consigo e com a empresa onde trabalha. Essa empresa tem a ver com você? Ela pode e quer lhe oferecer aquilo que você merece? Evite se acomodar e dar justificativas financeiras para sua permanência em um lugar que não lhe agrada. Ninguém está recomendando sair do emprego da noite para o dia, mas é importante traçar um plano de fuga para lhe levar onde quer chegar. E, atenção: não pense que apenas você sente sua insatisfação em estar ali. O funcionário que se acomoda onde não quer tem grandes chances de... ser demitido!

Falta de reconhecimento

Um defeito comum das chefias é só procurar o funcionário para falar do que não está bom. Esse comportamento estimula inseguranças por parte dos funcionários, que subentendem que não estão agradando.

"A necessidade de reconhecimento do seu valor e de aceitação no grupo é humana, todo mundo precisa ouvir elogio quando faz um bom trabalho", afirma Eva Hirsch Pontes, diretora de Relações com o Mercado da International Coach Federation.

Para ela, o feedback positivo é tão importante quanto o negativo, pois mantêm o funcionário estimulado a trazer bons resultados, sem ter a impressão de que alguém está levando o crédito por suas vitórias ou que elas nem sequer são notadas.

"Quem já chefiou um membro da geração Y sabe que eles pedem feedback o tempo todo. O hábito às vezes irrita, mas devia ser copiado pelos funcionários mais velhos, que muitas vezes se retraem cheios de insegurança em vez de simplesmente se dirigir ao chefe e pedir um posicionamento", sugere Eva.

Pensamentos como "o chefe não gosta de mim", "serei demitido a qualquer momento" e "ninguém se importa com meus resultados" são frequentes quando não há um posicionamento claro da chefia tanto sobre resultados negativos quanto sobre positivos. Esses pensamentos, como era de esperar, minam a autoconfiança e a vontade de buscar melhores resultados.

Como evitar esse sabotador: Mantendo um canal permanente de troca e feedback com seus funcionários, elogiando suas vitórias com a mesma ênfase que usa para apontar os erros. Evitando o pensamento de que acertar "é obrigação" e, portanto, não é digno de nota. No caso do funcionário que sofre com a falta de feedback, o melhor caminho continua sendo a abordagem direta em uma conversa particular com o chefe.

Alexandre Prates

Motivação para sair da zona de conforto sem derrapar na autossabotagem

Para Élio Martins, presidente do Grupo Eternit, uma linha de comando eficiente é responsável por metade do sucesso de uma empresa: "Ter líderes bem formados e bem estabelecidos torna uma empresa capaz de contornar praticamente qualquer dificuldade", afirma ele.

Recentemente, Élio utilizou essa liderança eficaz a qual se refere para contornar problemas que envolviam outros sabotadores do desempenho.

A empresa que ele preside precisou se adequar à lei que previa a adequação das normas contábeis brasileiras às normas internacionais, chamada IFRS (International Financial Reporting Standards). Depois disso, a equipe antiga, que vinha caminhando junto com a empresa havia anos, passou a enfrentar problemas: "Uma mudança desta altera a metodologia, a forma de trabalho e os procedimentos do setor. Claro que nem todos os funcionários ficaram felizes em sair da zona de conforto e se adequarem a um método completamente novo", explica ele.

A solução para essa mudança que gerou autossabotagem e falta de entendimento das novas funções foi treinamento massivo da equipe, tanto na parte técnica quanto na emocional: "Algumas empresas se colocam na posição de que apenas o funcionário precisa provar que é bom. Nesse caso de mudança, a gente precisou o tempo todo convencer a equipe de que ela era boa o suficiente para mudar, para evoluir e que eles realmente eram os mais capacitados para continuar o trabalho", finaliza o presidente do Grupo Eternit.

Acertando os ponteiros da liderança

Claudio Evaristo, sócio do Grupo Novo Marketing, detectou em sua empresa o problema mais grave apontado pelo estudo: a liderança ineficaz. No lugar dele, muitos executivos simplesmente fariam algumas trocas de cargo e demissões e achariam que o problema estava resolvido.

Ele, no entanto, contratou um serviço de coaching para treinar seus líderes, inclusive ele e seu sócio. O treinamento de seis meses ainda está acontecendo, mas Cláudio já consegue ver resultados: "O meu próprio desempenho melhorou, sobretudo na administração do tempo utilizado para cada tarefa", diz Claudio.

Para ele, o erro da empresa foi achar que todo mundo pode ser líder e que os líderes já nascem formados quando, na verdade, eles precisam ser identificados, treinados e exercitados.

O treinamento das lideranças começou com uma pesquisa envolvendo a direção, os chefes e os funcionários. O objetivo era levantar o que a empresa espera e precisa de um líder, quais as dificuldades dos funcionários com a chefia e dos chefes em atuarem como líderes. Depois disso, houve atividades e avaliações individuais e coletivas que ainda estão em andamento.

Avaliação: os sete sabotadores de desempenho profissional

Baseado no estudo nacional 'O Mundo Corporativo do Futuro', que deu origem ao livro *A reinvenção do profissional*.

Esta avaliação possibilitará uma análise da ação dos principais sabotadores de desempenho profissional em sua empresa. Assinale com um **X** o índice correspondente a sua atuação em **cada afirmação**, sendo **1** para "**Baixa atuação**" e 5 para "**Excelente atuação**" ou correspondente.

Liderança Ineficaz

Comportamento	Análise	Autoanálise				
		1	2	3	4	5
Egoísta	Você escuta as ideias dos seus liderados e as põem em prática, mesmo que isso implique em mudar de opinião?					
Não ouve	Você tem disposição para ouvir os seus liderados (ideias, críticas, sugestões, reclamações, dificuldades pessoais ou profissionais, conflitos etc.)?					
Não ser um exemplo	Seus liderados o veem como um modelo de conduta profissional? Suas ações condizem com o seu discurso?					
Falta de criatividade	Você encontra soluções para problemas diversos com facilidade?					
Falta de sintonia entre as lideranças	Você mantém um bom relacionamento com as outras áreas da empresa?					

Eliminar sabotadores de desempenho

Comportamento	Análise	Autoanálise				
		1	2	3	4	5
Decisões burras	Você toma decisões pensando em suas consequências em longo prazo?					
Falta de diretrizes que façam sentido	Você justifica e sensibiliza os seus liderados sobre a importância de suas decisões?					
Pouco treinamento inicial	Você possibilita um treinamento de qualidade para as novas contratações?					
Falta de acompanhamento e feedback	Você acompanha e orienta frequentemente a sua equipe com um feedback de qualidade?					
	Total de cada coluna:					
	Total geral:					

Quais ações você pode realizar para ampliar os resultados nessa área?

Autossabotagem do liderado

Comportamento	Análise	Autoanálise				
		1	2	3	4	5
Incapacidade de autoavaliação e de autopercepção	Você promove situações em que o liderado consiga avaliar o seu próprio desempenho?					

Comportamento	Análise	Autoanálise				
		1	2	3	4	5
Falta de comprometimento pessoal	Você demonstra interesse sobre os anseios do seu liderado, fazendo com que ele compreenda os benefícios de se comprometer com a empresa?					
Não saber lidar com pressões	Você oferece apoio aos seus liderados nos momentos de pressão?					
Comodismo	Você desafia constantemente os seus liderados, não permitindo que eles entrem na zona de conforto?					
Ego	Você cria situações que evidenciem que o trabalho coletivo sempre será mais valorizado do que o resultado individual?					
Desatualização	Você incentiva os seus liderados a se atualizarem constantemente?					
Problemas externos	Você se preocupa e procura maneiras de ajudar o seu liderado a enfrentar os problemas pessoais (financeiro, familiar, saúde etc.)?					
	Total de cada coluna:					
	Total geral:					

Eliminar sabotadores de desempenho

Ambiente

Comportamento	Análise	Autoanálise				
		1	2	3	4	5
Relacionamento	Você colabora para a construção de bons relacionamentos entre os membros de sua equipe, não deixando que a competição interna prejudique a harmonia do ambiente?					
Corporativismo interno	Você é justo com os seus colaboradores, valorizando a todos de forma coerente, sem beneficiar um ou outro em detrimento dos demais?					
Comunicação ineficaz	Você procura estruturar a comunicação entre os seus liderados pela formalização dos procedimentos?					
Empresa não cumprir o que promete	Quando ocorre o não cumprimento de uma promessa feita pela empresa, você se preocupa em dar uma satisfação aos liderados sem denegrir a imagem da empresa?					
	Total de cada coluna:					
	Total geral:					

Falta de entendimento da função

Comportamento	Análise	Autoanálise				
		1	2	3	4	5
Indefinição de atribuições	Você explica de forma precisa quais são as atribuições inerentes à função do liderado?					
Não identificação das expectativas	Você evidencia as reais expectativas que a empresa detém em relação ao liderado?					
Falta de informação	Você se preocupa em manter a sua equipe informada em relação às diretrizes da empresa?					
Falta de Indicadores	Você define indicadores que possibilitarão ao seu liderado medir o resultado esperado do seu trabalho?					
Repetir tarefas que não fazem sentido	Você mostra claramente ao liderado a importância de tarefas que ele realiza?					
Rotina	Você propõe desafios que tirem a sua equipe da rotina?					
	Total de cada coluna:					
	Total geral:					

Eliminar sabotadores de desempenho

Falta de perspectiva profissional

Comportamento	Análise	Autoanálise				
		1	2	3	4	5
Falta de metas	Você estabelece metas alcançáveis para a sua equipe?					
Falta de direção	Você deixa claro para a sua equipe onde eles podem chegar na empresa?					
Falta de oportunidade de crescimento	Você promove oportunidades de crescimento para os seus liderados?					
Falta de clareza da empresa em relação aos seus objetivos futuros	Você cobra da empresa as diretrizes necessárias para manter a sua equipe focada em resultados?					
Não conhecem o papel da empresa no mercado	Você busca conscientizar a sua equipe a respeito da importância da empresa no mercado?					
	Total de cada coluna:					
	Total geral:					

Estar no lugar errado

Comportamento	Análise	Autoanálise				
		1	2	3	4	5
Trabalhar no que não gosta	Você observa constantemente as ações de seus liderados a fim de detectar se eles gostam ou não de suas funções?					
Foco exclusivo no dinheiro	Você conscientiza o seu liderado sobre a importância de atuar com excelência buscando resultados e como consequência conquistar o retorno financeiro?					
	Total de cada coluna:					
	Total geral:					

Falta de reconhecimento

Comportamento	Análise	Autoanálise				
		1	2	3	4	5
Ausência de progresso percebido dia a dia	Você oferece regularmente aos seus liderados um feedback de sua performance e resultados?					

Comportamento	Análise	Autoanálise				
		1	2	3	4	5
Não comemorar pequenas vitórias	Você valoriza e reconhece todas as conquistas dos seus liderados, mesmo que sejam pequenas?					
	Total de cada coluna:					
	Total geral:					

Total geral:	

Analise o seu nível de sabotagem

165 a 185 pontos – EXCEPCIONAL – Parabéns, a sua atuação é exemplar. Você demonstra um grande conhecimento e foco na gestão do seu time.

140 a 164 pontos – EFICIENTE – Você apresenta uma grande preocupação e envolvimento com as pessoas. Com dedicação e conhecimento mais profundo, você poderá evoluir muito.

100 a 139 pontos – DISPONÍVEL – Você é um líder que demonstra proximidade e disponibilidade para estar com o seu time e preocupa-se constantemente como comprometimento das pessoas. Precisa dedicar mais tempo para conversas individuais, visando conhecer o que ocorre, de fato, com cada integrante da sua equipe.

70 a 99 pontos – DISTANTE – Você precisa se aproximar urgentemente do seu time para não perder as pessoas. Sua distância e comportamentos inadequados podem estar sabotando o comprometimento da sua equipe.

30 a 69 pontos – ALERTA GERAL – Seu comportamento tem influenciado, e muito, os resultados do seu time. É preciso reavaliar agora o seu posicionamento, antes que seja tarde demais para a sua empresa e também para a sua reputação. Não espere mais, mude!

1 a 29 pontos – FORA DE CONTROLE – Você precisa de ajuda profissional. Nesse momento, a sua liderança mais prejudica do que contribui com a empresa.

Não cometa erros primários!

Se a liderança é o grande sabotador de resultados, quais erros um líder jamais deve cometer? Respondo com base no estudo vitalício que coordeno sobre "O Mundo Corporativo do Futuro". Esse estudo tem como base as minhas consultorias e processos de coaching em diversas empresas nos últimos seis anos. Anualmente, atualizo as informações e confesso que não me surpreendo com os resultados. O estudo apresenta um assunto de interesse vital para as pessoas e organizações: os cinco comportamentos intoleráveis no líder contemporâneo. Vejamos a seguir.

1. Morosidade

As organizações estão correndo muito para se adaptar às mudanças e, com isso, aperfeiçoam, a cada dia, seus processos de gestão, exigindo amadurecimento de seus profissionais. O fato é: o líder deve mudar na velocidade em que o mercado muda! A morosidade está totalmente ligada à falta de preparo cultural do líder: a incapacidade de buscar novas fontes de informação, de não se contentar apenas com as informações locais. Quanto mais informações eu possuo, maior é a minha capacidade de tomada de decisão.

Como identificar se você tem este comportamento:
- Faz somente o necessário.
- Precisa ser cobrado para entregar resultados.
- Indeciso – fica em cima do muro e posterga as decisões.
- Falta coragem para agir – precisa sempre de autorização para seguir em frente.
- Centralizador – torna o seu time lento, pois não sabe delegar.

2. Dificuldade para construir relacionamentos

Óbvio! Um líder que não constrói relacionamentos saudáveis, não é capaz de liderar. O líder tem papel fundamental na construção de ambientes saudáveis, nos quais as pessoas sintam-se bem para que queiram produzir cada vez mais. Locais assim são propícios à construção de relacionamentos saudáveis. E quando você tem um ambiente onde as pessoas queiram estar, provavelmente é lá que elas se sentirão motivadas a permanecer e prosperar.

Como identificar um líder com este comportamento:
- Falta de interação com a equipe.
- Abafa o desempenho de um colaborador para sobressair as suas habilidades.
- Não administra o seu ego.
- Tenta minar os processos para exaltar as suas ideias.
- Passa por cima dos outros.

3. Falta de comprometimento com resultados

O líder contemporâneo precisa pensar em resultados, seja na sua atuação no campo, na liderança de sua equipe, enfim, o mundo corporativo sempre terá espaço para quem quiser realizar e fazer acontecer. E descartará, naturalmente, a passividade e o conformismo.

Como identificar um líder com este comportamento:
- Conforma-se com o não atingimento das metas.
- Defende demasiadamente a equipe, permitindo a ineficácia nos processos e resultados.
- É incongruente – cobra, mas não entrega. Fala, mas não age.

4. Pensar pequeno

Se partirmos do princípio de que a equipe é a cara do seu líder, concluímos que se um líder pensar pequeno, a sua equipe não pensará de outra maneira. Um líder com foco em curto prazo formará uma equipe com essa mesma visão. Portanto, as organizações querem líderes que pensem grande, que sonhem, que ousem, que inovem, que façam as pessoas sonharem. Um líder com desejo de ir além constrói equipes que lutam por um propósito. Pensar grande é focar no presente, com o olhar para um propósito maior.

Como identificar um líder com este comportamento:
- Tem foco no curto prazo.
- Preocupa-se somente com os tangíveis, deixando de lado qualquer outro fator que não possa ser medido.
- Dificuldade em quebrar paradigmas.
- Não aceita mudanças.
- Não busca a inovação.
- Não prepara novos líderes.

5. Arrogância

Este é o primeiro passo para a queda profissional. É insuportável conviver com pessoas arrogantes em qualquer cenário da vida, principalmente no mundo corporativo. A arrogância destrói a capacidade de aprendizagem do ser humano, pois cria barreiras, muitas vezes instransponíveis, geradas pela crença de que tudo sei. É aí que mora o perigo! Falamos no início sobre a velocidade das transformações, portanto, a obsessão por aprender torna-se uma atitude fundamental para o líder de hoje e sempre.

Como identificar um líder com este comportamento:

- Acha que sabe tudo.
- É autoritário.
- Quer sempre ter razão a qualquer custo.

13.

Criar ambientes saudáveis

Perceba que o ambiente aparece quando falamos das estratégias para engajar pessoas e também aparece quando falamos dos elementos que sabotam os resultados de uma equipe, logo, este tema merece um tópico especial neste treinamento.

Busca pela plenitude – o investimento das organizações do futuro

O Dr. Paulo Gaudêncio, médico psiquiatra, ressalta um ponto importante para esta discussão: "Eu parto do princípio de que o homem é um animal racional. Nas corporações o homem vive como se somente pensasse e desconhece a parte emocional."

Com base nesta reflexão, percebemos que as empresas terão de aprender que não existe separação entre o indivíduo, a sociedade e a família. Haverá um grande investimento para manter o colaborador saudável mental, física e espiritualmente. As empresas investirão em educação financeira para que as pessoas pensem no futuro e não furtem o seu potencial criativo com problemas financeiros. Uma pessoa plena transmitirá essa energia profissionalmente e vice-versa. As empresas ajudarão seus profissionais a organizar o seu tempo com eficiência e qualidade, permitindo ao colaborador concentrar-se no presente, conquistando resultados na vida e na carreira.

Edmour Saiani, presidente da Ponto de Referência, afirma que a sede pelo resultado fez com que a grande maioria das empresas se tornasse seca, fria, cada uma lutando pela própria sobrevivência. Ele destaca:

> Quando se luta somente pela própria sobrevivência se torna egoísta e desintegrada. Quando você diz para as pessoas que têm que trabalhar somente pelo resultado, você não mobiliza a alma delas. Para mim, a visão de corporação atual é aquela que tende a tirar o mínimo possível da energia das pessoas.

Enfatizando o comentário anterior, Sérgio Almeida, palestrante e escritor, contribui:

> A gente sente que algumas organizações e alguns profissionais estão no limite da exaustão. Até que ponto vai essa pressão por produtividade, até que ponto deve ir essa pressão por altíssima competitividade? Tudo isso é importante, é uma demanda a ser considerada. Entretanto, as empresas, os profissionais, os líderes têm que perceber

claramente que isso não vai ser possível sem o equilíbrio da pessoa humana.

A nova geração questionará as empresas sobre os valores da organização, imagem no mercado, ações socioambientais, plano de carreira e, inclusive, o modelo de gestão adotado pela empresa, pois esta geração quer participar, quer liberdade para inovar, opinar, pois perceberam que o dinheiro não pode ser o valor final de uma profissão, e sim a realização profissional.

Sua empresa está pronta para atrair e reter os melhores talentos?

O que a sua empresa deseja para o futuro? Independentemente dos objetivos traçados, é impossível atingir os resultados sem grandes profissionais para fazer as coisas acontecerem. Eis o grande problema: de um lado, metas e resultados para serem atingidos, do outro, a escassez de pessoas competentes que auxiliem as empresas em suas ações.

A questão é simples: o nível de preparação e engajamento das pessoas é o que determinará o sucesso da execução das estratégias. Portanto, reforço a indagação crucial desta seção: sua empresa está pronta para os melhores talentos?

Um profissional talentoso questiona, quer crescer, é inovador, não aceita ser liderado por qualquer um, precisa ser constantemente desafiado para manter-se motivado, valoriza um ambiente de trabalho que estimule o relacionamento e faz questão de participar e ser ouvido. Portanto, antes de procurar profissionais talentosos, é preciso organizar o modelo de gestão da sua empresa, caso contrário, você poderá até encontrá-los, mas será perda de tempo, pois não conseguirá engajá-los e retê-los em sua empresa.

Criar ambientes saudáveis

Fuja da incoerência!

Ao mesmo tempo em que as empresas querem profissionais inovadores, punem o erro com severidade; querem pessoas que resolvam os problemas, mas não dão autonomia; clamam por colaboradores proativos, mas não flexibilizam os processos; lutam para atrair talentos, mas não desenvolvem seus líderes para retê-los; exigem pessoas comprometidas, mas não valorizam a participação; querem profissionais motivados, mas não criam um ambiente de valorização e reconhecimento; querem alcançar resultados extraordinários, mas não investem na preparação do seu time.

É preciso refletir...

Sugiro que você dedique alguns minutos ou horas para refletir sobre o modelo de gestão de talentos da sua empresa:

1. **Sua empresa tem planos claros para o futuro?** Você nunca terá profissionais talentosos na sua empresa sem ter muito bem estruturada a sua visão de futuro. Um profissional talentoso é engajado pelas oportunidades de crescer constantemente, se não enxergar essa oportunidade, não valerá a pena.

2. **O ambiente da sua empresa não valoriza a inovação e iniciativa?** Eis o maior erro de uma empresa que deseja atrair talentos. Quer os melhores profissionais, mas não permite que eles criem, participem, inovem, e sejam ouvidos. Um profissional talentoso nunca permanecerá em um ambiente que abafe o seu talento e que não permita que ele coloque o seu melhor em jogo.

3. **Sua empresa oferece oportunidades de aprendizado?** Entenda, a única maneira de saciar a ambição

dos profissionais talentosos de crescer hierarquicamente é oferecer-lhes um ambiente de aprendizado constante, que lhe permita evoluir pessoal e profissionalmente. Agora, é muito comum as empresas investirem em programas de treinamento, que são muito importantes, mas não valorizarem o maior de todos os aprendizados que um profissional pode ter: a prática, a experiência e o conhecimento que se adquire de diversas maneiras, principalmente por meio de desafios cotidianos e do feedback construtivo frequente.

4. **A liderança da sua empresa está pronta para lidar com os melhores talentos?** Precisamos de líderes que utilizem a sua experiência para atender aos anseios dos profissionais. Liderar profissionais talentosos é compreender que se deve liderar pelo exemplo e pela participação. Um líder autoritário, que não permite o envolvimento pleno de sua equipe, jamais comprometerá as pessoas, pois tirará desses profissionais a chance de evoluir e contribuir – valores vitais de engajamento e motivação da nova geração.

Não há segredo, é preciso compreender que profissionais acima da média exigem atitudes organizacionais diferentes.

Sua empresa precisa ir além! Reconheça que o mercado mudou, evolua com ele e deseje conquistar os melhores talentos para a sua empresa. O alcance dos objetivos é consequência!

Ambiente saudável – a evolução das organizações

S	**Sustentável**	Um ambiente onde se valoriza o resultado que sustenta em longo prazo – Resultados com valores. Valores estes que não permitem comportamentos destruidores em prol de resultados imediatos que não agreguem valores sustentáveis para a empresa.
A	**Agregador**	As empresas não poderão permitir que a competição destrua os times. O conceito de "coopetição" (competição com cooperação) deverá ser cada dia mais sustentado nas organizações. As pessoas deverão ser estimuladas a ter mais consciência do outro, a colaborar mais, a compartilhar informações em prol de um propósito maior.
U	**Universal**	Um ambiente antenado com o mundo, que permite às pessoas pensarem "fora da caixa". As pessoas não podem pensar apenas em processo, é preciso que evoluam e pensem em mercado, clientes, estratégias, enfim, é preciso provocar as pessoas para ampliarem a sua visão e enxergarem o mercado, tornando-as mais estratégicas e visionárias para resultados. Dessa forma, as pessoas compreendem o impacto do seu trabalho no resultado final da empresa.
D	**Desafiador**	Ambiente saudável é um ambiente que tira constantemente as pessoas da zona de conforto. Conforto não gera saúde. Os desafios oxigenam as pessoas e permitem que elas utilizem todo o seu potencial e isso as completa, pois proporciona um sentimento de importância e realização. Além disso, para encarar um desafio é preciso se preparar, portanto, a empresa que desafia deve ter a certeza de que as pessoas estão prontas para seguir em frente, logo haverá um ciclo virtuoso de desafios, preparação e crescimento constante.

A	**Autêntico**	As pessoas conseguem produzir mais e melhor em um ambiente de trabalho que permita que elas sejam elas mesmas, que valorize a honestidade e transparência, em vez da artificialidade em prol de um corporativismo interno. Um ambiente autêntico permite que as pessoas questionem, julguem, discutam, sem medo de represálias. Um ambiente autêntico é aquele que verdadeiramente respira os valores da empresa.
V	**Vivo**	Um conceito tem crescido muito no mundo corporativo – a espiritualidade nas organizações. Empresa espiritualizada é aquela que tem alma, que tem vida, que proporciona às pessoas a possibilidade de pôr o coração no jogo. Ambiente vivo é um ambiente que compreende que o ser humano é um ser integral e que não há separação entre a vida pessoal e profissional. Um profissional até pode "mascarar" um problema para não transparecê-lo na empresa, mas de qualquer forma o problema sempre estará lá. Um ambiente vivo permite que as pessoas vivam e não apenas trabalhem. As organizações precisam investir em ambientes que promovam união, cooperação, sinergia e que permitam que as pessoas construam laços de amizade e respeito. É no trabalho que eu invisto a maior parte da minha vida, portanto, se a empresa não me proporcionar um ambiente saudável, logo a minha permanência será curta.

Criar ambientes saudáveis

E	**Estratégia**	Ambiente saudável é um ambiente com estratégia, que deixe claro para a empresa o que queremos, como faremos para chegar lá e, principalmente, qual é o papel de cada um nesse processo. Empresa que não tem visão de futuro, não pode cobrar que a sua equipe tenha foco. Lembre-se: as pessoas não se comprometem com uma empresa, e sim com a causa da empresa – quem somos e onde queremos chegar. Além disso, é preciso compreender que empresa estratégica não é uma empresa que tem uma estratégia desenhada, e sim uma empresa que discute a estratégica com a sua equipe. Estratégia e participação, uma fórmula simples para se criar um ambiente estratégico, que engaje o seu time.
L	**Liderança**	Por fim, um ambiente saudável se constrói a partir de uma liderança saudável – uma liderança que atue com um foco determinante para o sucesso: engajar pessoas para resultados.

Impulsionar o desempenho das pessoas

Vamos falar aqui da melhor e mais eficiente ferramenta para o desenvolvimento de pessoas: o feedback construtivo.

Um líder pode contratar o melhor e mais eficiente programa de capacitação do mundo, no entanto, se não acompanhar o seu colaborador, orientá-lo, cobrá-lo e motivá-lo sempre que preciso, estará jogando dinheiro fora.

O feedback construtivo é a capacidade de mostrar ao colaborador aonde estamos indo (na empresa e na sua carreira) e quais comportamentos estão contribuindo e quais estão prejudicando. Além, é claro, de inspirar o profissional a seguir em frente. Porém é impressionante como falhamos neste quesito. E digo falhamos, pois é muito comum, mesmo sabendo a técnica correta, deixá-la de lado em diversos momentos, principalmente quando o lado emocional entra em jogo. Aproveitando que tocamos neste assunto, é importante entender o que faz com que nosso lado emocional seja afetado e por que neste momento em vez de oferecermos um feedback construtivo, partimos para a agressão ou simplesmente nos fechamos.

Guarde isto: duas pessoas somente se desentendem quando seus valores são feridos, ou seja, quando alguém de alguma forma, fere nossos valores, mesmo que inconscientemente e, aliás, muitas vezes nossos valores são inconscientes até para nós mesmos. Imagine que você seja líder de uma equipe de vendas e que comprometimento e honestidade sejam valores importantes para você, isto é, coisas das quais não abre mão. E nesta equipe existe um colaborador que não tem atingido suas metas e você descobre que ele não tem realizado o que deveria e que frequentemente tem mentido. Provavelmente se for conversar com esse profissional, o feedback não será o mais adequado, pois você pode levar para o lado emocional, afinal seus valores foram atingidos.

Eis o grande segredo de um líder. Para oferecer um feedback de qualidade, precisamos de inteligência emocional e sermos racionais o bastante para que o verdadeiro feedback seja realizado, aquele que motiva e gera mudanças efetivas de comportamento.

Essa é a verdadeira missão do feedback – motivação e mudança. Se seu feedback não gera estes resultados, pode ser considerado qualquer coisa, menos feedback. E para saber se ele é efetivo, pense: quando chamo alguém para conversar, como essa pessoa se sente? Consigo ser honesto e construtivo?

O feedback construtivo traz uma abordagem que vai além do que os outros métodos praticam, pois não leva em consideração apenas o comportamento, e, sim, a busca por um desempenho extraordinário. Denominei isso de: foco no desempenho.

Qual é a diferença?

O foco no desempenho vai no detalhe, na minúcia do movimento. Independentemente de o problema estar no comportamento, no resultado ou na estratégia, a minha proposta é que você vá na causa do problema, e não apenas na solução imediata. Lembre-se: o nosso melhor desempenho está nos detalhes.

O mundo dos esportes já descobriu isso há muito tempo. Exatamente por isso que utilizam ao máximo os recursos tecnológicos e investem milhões em pesquisas para descobrir os caminhos para aprimorar o desempenho e ganhar 1 segundo na reta final e quebrar recordes após recordes. E foi motivado por esse exemplo que desenvolvi a técnica do foco no desempenho.

Imagine um corredor de 100 metros rasos que tenha ficado dois segundos atrás de seus adversários. O foco no desempenho propõe a investigação do detalhe, da causa do desempenho indesejado. O que está fazendo esse atleta ficar dois segundos atrás? Poderíamos identificar um problema na largada ou na manutenção da velocidade no meio da prova. Tendo essa conclusão em mente, investiremos tempo e energia para melhorar esse ponto específico. Treinamos, executamos, avaliamos e projetamos novas ações.

Agora vamos imaginar esse mesmo conceito aplicado no mundo corporativo. Um vendedor não está conseguindo alcançar os melhores resultados, pois não tem colocado as estratégias desenhadas pela empresa em ação. Quando questionado sobre isso, ele demonstra muita insegurança em visitar novos clientes e isso prejudica, e muito, os resultados.

No feedback comum conversaríamos sobre essa questão e encorajaríamos o profissional a fazer novas visitas e por vezes, até indicaríamos um colega mais experiente para realizar as visitas em conjunto. Uma boa ação, mas pouco efetiva. E sabe por que?

Mesmo vendo como outro colega faz, as crenças e dificuldades estão ali. Pode até encorajá-lo, mas não vai gerar o desbloqueio que precisamos.

O que o foco no desempenho propõe? Uma boa conversa de coaching para identificar as crenças que o impedem de ir além, uma visita junto com o vendedor, deixando que ele seja o protagonista e você, líder, investigando e orientando cada detalhe da sua ação – erros e acertos. Em seguida, praticar abordagens, ensinar técnicas, ensaiar, avaliar e propor novas ações.

E quando o feedback não dá resultado?

Apesar de óbvio, é importante lembrar que estamos falando de pessoas, com todos os seus anseios, dúvidas, medos, insatisfações etc. Portanto, mesmo a melhor técnica de feedback do mundo pode gerar resultados pouco expressivos se não considerarmos tudo o que envolve um desempenho extraordinário.

A pergunta necessária agora é: o que gera um desempenho extraordinário? A resposta é conhecida de todos: saber fazer e querer fazer, ou seja, o fator racional e emocional – saber e querer.

Então, após um feedback, teremos apenas três cenários:

1. **O profissional não sabe fazer, mas quer fazer.** Estamos diante de uma situação que requer desenvolvimento, prática, acompanhamento e feedback constante para que o profissional adquira a competência necessária para entregar o que você deseja.
2. **O profissional sabe fazer, mas insiste em não fazer.** Se sabe e não quer, temos nitidamente um problema relacionado a comprometimento. Se você identificar isso, a ação é a mesma: investigar no detalhe o que está gerando a falta de engajamento. Encontrou a explicação? É possível resolver? Se sim, vamos em frente. Se não, o melhor é seguir em frente sem esse profissional.
3. **O profissional sabe fazer, quer fazer, mas não consegue fazer.** A explicação está nas crenças desse profissional, naquilo que ele acredita sobre si mesmo, sobre suas competências. Ele sabe o que fazer, mas não se permite fazer. Isso naturalmente dispara emoções como medo, angústia, preocupação, bloqueando o profissional de se desafiar. Nesse caso, resta ao líder aplicar a última estratégia desse método – a inspiração!

Isso mesmo, traga a inspiração necessária para que ele comece, pouco a pouco, a permitir-se ir além. Temos três formas de inspirar alguém:

- **Provocando:** motive pelo prazer e pela dor. Mostre o quanto você acredita nele (motivação por prazer) ou mostre que você espera mais dele (motivação por dor).
- **Servindo de exemplo:** mostre como se faz, faça junto, esteja perto, seja o espelho que ele precisa para se encorajar.
- **Incomodando:** esse é o ponto mais sensível, mas dependendo do caso traz ótimos resultados. Um ser humano

incomodado se mexe, faz coisas extraordinárias. E quando nos incomodamos? Quando dói, quando sentimos raiva, quando estamos cansados do estado atual. Portanto, incomode as pessoas: "Até quando eu terei que esperar para que você assuma esse projeto?" ou "Eu realmente esperava mais de você. Estava enganado?"

Independentemente do método que irá utilizar, o que realmente importa é fazer com que a pessoa dê um salto de produtividade. A inspiração é o único caminho!

Feedback construtivo tem estrutura, vamos a ela.

Estrutura do feedback construtivo

Relembre sempre aonde quer chegar
É importante que a pessoa compreenda a importância do feedback e nada melhor do que relembrar os objetivos e compromissos.

"Felipe, temos a nossa meta mensal para cumprir e contamos muito com você!"

Apresente o comportamento desejado/indesejado
Lembre-se de que o feedback não é apenas para corrigir comportamentos indesejados, mas, sim, para garantir que o caminho para o alcance dos objetivos esteja firme e seguro. Portanto, se a pessoa tem adotado um comportamento negativo, apresente-o com fatos e discutam um novo comportamento; se a pessoa tem se comportado de maneira produtiva, parabenize-a e encoraje a sua continuidade e evolução.

Comportamento negativo
"Percebi que nos últimos dias seu volume de contatos não está atendendo o que havíamos combinado."

Comportamento produtivo
"Quero parabenizá-lo pelos ótimos resultados na última semana. Fico muito feliz que esteja cumprindo as suas metas e, principalmente, que o seu comportamento tem sido exemplar para os demais colegas".

Investigue a causa do comportamento

Vá no detalhe: o que está acontecendo? Revise o passo a passo do processo e questione cada etapa. E quando o comportamento apresentado for produtivo, descubra as ações que estão gerando os resultados positivos e replique-as.

Encoraje o novo comportamento

No caso do comportamento indesejado, pergunte: Como podemos fazer diferente?
O que é preciso desenvolver para fazer diferente?
Quando o comportamento for positivo, questione: Como podemos evoluir esse comportamento?
O que é preciso desenvolver para ir além?

Estabeleça evidências para o novo comportamento

É fundamental encontrar uma maneira de medir e acompanhar os resultados.

Crie responsabilidade pela mudança

Garanta sempre que a pessoa assuma a responsabilidade.

Comportamento negativo
"Por que o seu número de contatos diminuiu tanto? O que está causando esse problema? Como você tem organizado o seu tempo?"

Comportamento produtivo
"Felipe, você tem conseguido um volume de contatos excelente. Como você tem feito? Qual abordagem tem utilizado?"

Comportamento negativo
"Felipe, de que maneira podemos melhorar esses resultados?"
"Quais novos comportamentos você pode adotar?"

Comportamento produtivo
"Como podemos evoluir esse comportamento?"
"Como podemos ajudá-lo para que você possa continuar o bom trabalho?"

"Como saberemos que você está obtendo resultados com a mudança?"

Líder: "Felipe, de quem depende para que esse novo comportamento seja posto em prática?"
Felipe: "Depende de os meus colegas me apoiarem!"
Líder: "O que você pode fazer para que isso dependa apenas de você?"
"Como você pode conseguir o apoio dos seus colegas?"

Inspire para o novo comportamento	Comportamento negativo
Essa etapa é para fechar com chave de ouro. Instigue o profissional a ir além, motive-o, provoque-o, incomode-o. As pessoas quando provocadas liberam emoções que podem encorajá-las a ir muito mais longe.	"Felipe, eu preciso que você seja o profissional que acredito que você é. O que podemos fazer para que você se comprometa mais?" **Comportamento produtivo** "Felipe, estou muito feliz com os seus resultados, mas eu sei que você pode ir além. Eu acredito que você pode ir muito longe. O que podemos fazer para que você melhore ainda mais os seus resultados?"

Algumas dicas para acertar no feedback

1. **Fuja do emocional:** Da mesma forma que você pode se sentir ofendido quando alguém fere seus valores, lembre-se de que as pessoas só fazem isso para atender algum valor. É preciso entender que as pessoas também possuem seus próprios valores. Portanto, compreenda isso e foque na mudança do comportamento, deixando de lado o que possa ter lhe ferido.

2. **Ofereça feedback constante:** Não somente quando as pessoas errarem. Aliás, este deve ser o que você menos deve buscar, só quando realmente for necessário. O feedback positivo constante traz autoestima, confiança e segurança, além de fazer muito bem para o ego. Existem três coisas que engajam as pessoas: senso de participação, realização e reconhecimento.

3. **Palavras têm poder:** Cuidado com o julgamento precipitado. Apresente fatos, e não julgamentos. Veja a diferença. Uma coisa é dizer "Felipe, fui informado de que você anda fazendo algumas fofocas na empresa. Gostaria que parasse!" Nesse momento, você julgou. Outra forma de fazer isso é dizer: "Felipe, fui informado de que você tem sido responsável por algumas fofocas na empresa. Isso é verdade?" Neste caso, foram apresentados fatos, nada mais.
4. **Não confunda:** Feedback positivo pode ser dado público, aliás, é o que as pessoas mais querem. Faz muito bem ser elogiado em público, mas não exagere, pois um colaborador elogiado com muita frequência pode virar alvo de ciúmes de outras pessoas. E um ponto importante: ao proporcionar feedback positivo em grupo, certifique-se de que está lembrando de todos que merecem. E um feedback negativo deve ser realizado individualmentel. Se quiser utilizar erro como exemplo, cite o exemplo e não quem o cometeu.

Mais dicas para acertar no feedback

- **Descritivo (não julgativo e avaliativo):** Não julgue, apenas descreva o que está acontecendo e os resultados do comportamento para as pessoas, equipe e organização.
- **Específico (não geral):** Foque no comportamento específico que gerou o problema.
- **Necessidade do receptor (não do emissor):** O feedback não é para você, mas sim, para o colaborador. Lembre-se: motivação e mudança.

- **Comportamento (não identidade):** Esta é a dica mais importante. Nunca foque na identidade – uma pessoa não é desmotivada; por algum motivo, ela está desmotivada. Ser desmotivada é identidade, estar desmotivada é comportamento.
- **Rápido (logo após o evento):** Já falamos sobre isso, feedback constante. Mas lembre-se: você deve deixar o emocional de lado; caso contrário, nada melhor do que uma boa noite de sono. Feedback tem de ser racional, não emocional.
- **Validado (checado):** Ao finalizar um feedback, gere aprendizado. Pergunte sempre o que deve mudar e como ele pretende fazer isso.

Enfim, um bom líder entende o poder de um feedback construtivo.

Caso – O feedback que desenvolve habilidades

Durante a formação de líderes em uma empresa do ramo de agronegócio, discutíamos diversas questões relacionadas a performance e resultados. No fim do dia, um dos líderes me convida para um café e me traz uma questão bem interessante: "Alexandre, estou passando por uma situação um pouco delicada com um membro da minha equipe e gostaria de ouvir a sua opinião. Celso, um dos meus mais importantes vendedores, tem apresentado números expressivos de vendas, conquistado clientes estratégicos, atingido todas as metas estipuladas. Enfim, é o vendedor com que todo gerente sonha. No entanto, a equipe, que é composta por mais dezessete integrantes, não o suporta. Todos, sem exceção, têm alguma crítica a seu respeito. As críticas giram em torno do seu comportamento egoísta, arrogante e, principalmente, seu exagero em comemorar e expor suas vitórias ao grupo. O que eu faço?

Sem conhecer profundamente o profissional e a equipe, apontar qualquer solução seria uma atitude inconsequente da minha parte. Portanto, só me restou fazer o meu papel de coach e desafiá-lo a assumir o seu papel de líder. Então, iniciei uma breve sessão:

AP: Como você enxerga o comportamento do Celso?

Gerente: Também me incomodo com isso, pois ele sempre consegue deixar o clima pesado nas reuniões.

AP: E como você gostaria que ele se comportasse?

Gerente: Queria que, em vez de "esfregar na cara" das pessoas o seu sucesso e tratar os outros como fracassados, ele apoiasse os colegas, os ensinasse, os treinasse, acompanhasse as vendas, enfim, que utilizasse a sua experiência como algo positivo para o grupo.

AP: E você já falou com ele sobre isso?

Gerente: Na verdade não, pois fico com receio de que ele se magoe com isso e baixe o seu desempenho.

Vou fazer uma pausa no diálogo para trazer à tona o que percebi nesse momento. Veja que o gerente apresentou uma crença e está vivendo baseado nela: achar que ele pode ficar magoado e baixar a performance. Nessa hora, só me resta desafiar essa crença.

AP: Mas o que lhe garante que ele vai ficar magoado?

Gerente: Não sei, mas acho que pode.

AP: De que maneira você poderia conversar com ele para que ele mudasse o comportamento e não ficasse magoado?

Gerente: Que tal se eu desse a ele uma função de instrutor do grupo e o premiasse pelos resultados dos outros colegas?

AP: Eu que lhe pergunto: "Que tal?"

Gerente: É isso que vou fazer.

O gerente saiu da nossa conversa ciente do que precisava fazer e realmente fez. Passados exatos doze dias, ele me ligou e disse: "Alexandre, tudo estava correndo perfeitamente bem. Ele adorou a ideia, compreendeu que estava se afastando das pessoas com o seu comportamento e, inclusive, em nossa primeira reunião, pediu desculpas ao grupo. Tudo perfeito! Acontece que, nessa semana, um vendedor veio me reclamar que durante uma visita que o Celso acompanhou, ele disse ao cliente que agora teria a atenção devida, pois estava ensinando isso aos outros vendedores. O vendedor ficou muito envergonhado e sentiu-se ofendido com o comentário. Ou seja, nada mudou!" Ouvi atentamente e perguntei: "Você conversou com ele sobre isso?" E me respondeu: "Não, nem precisa, é óbvio isso!"

O gerente estava cometendo um grande erro, fatalmente repetido por muitos líderes, logo, precisei interferir: "Você não pode acreditar que as pessoas sabem exatamente o que fazer e que vão mudar de uma hora para outra. É preciso compreender que o óbvio não é óbvio para todo mundo. Um feedback somente gera resultado se o desenvolvimento for acompanhado de perto."

Continuei a sessão:

AP: O que você precisa fazer para garantir o desenvolvimento do Celso?

Gerente: Conversar novamente com ele e falar sobre o ocorrido.

AP: E como pode fazer isso sem deixá-lo constrangido?

Gerente: Vou falar para ele quanto preciso dele na equipe e que teremos de aprender juntos a melhor maneira de fazer isso dar certo.

Pouco mais de quinze dias depois, voltei para mais uma etapa da formação de líderes e o gerente fez questão de apresentar o caso para os outros líderes e foi enfático ao dizer que precisou conversar mais três vezes com o Celso para garantir que ele se posicione da maneira correta (foco no desempenho). E disse ainda que os resultados do Celso se mantêm e que ele, com suas dicas, vem ajudando as pessoas e que alguns resultados já despontaram.

Perceba que o feedback não só melhorou o clima da equipe, como fez algo incrível para o Celso: despertou nele uma nova habilidade – a liderança!

E como eu não poderia deixar aquele momento passar em branco, perguntei: "E o que você aprendeu com isso?"

Ele prontamente respondeu: "Que o óbvio não é óbvio para todo mundo e que só conseguirei o melhor da minha equipe se disser o que eu quero e acompanhar a evolução" (foco no desempenho).

15.

Criar uma equipe estratégica

"**N**ão existe conflito de gerações. O problema está na liderança!".

Faço questão de enfatizar essa frase em minhas formações de líderes. Nos últimos seis anos, convivi com esse tão aclamado discurso sobre o conflito de gerações no mercado de trabalho. Confesso que durante algum tempo me convenci de que esse fenômeno realmente existia e me dediquei a trabalhar esse conflito nas organizações.

A experiência e as inúmeras conversas com os profissionais das mais diferentes gerações me ajudaram a clarificar a percepção. Concluo, sem qualquer receio: o conflito está na liderança.

Um conflito ocorre quando temos opiniões divergentes, defendemos causas opostas ou queremos coisas diferentes.

Analise um cenário comigo:

A famosa geração Y foi amplamente estudada, e alguns conceitos se apresentaram sobre o perfil desses jovens. Chegou-se à conclusão de que tal geração deseja trabalhar em uma empresa que lhes proporcione reconhecimento, oportunidade de crescimento, metas claras e desafiadoras. Além disso, querem sentir-se parte e, por meio de seu trabalho, conquistar um padrão de vida superior. Também fica claro que se trata de uma geração que não aceita trabalhar subordinada a qualquer um, não aceita a maioria das regras, procedimentos e planos de carreiras fantasiosos que as empresas praticam, e não pretende ficar anos na mesma corporação só para um dia, talvez, subir de cargo.

Assim, reflita: a geração X quer alguma coisa diferente disso? É claro que não! Todos, independentemente da geração, queremos uma empresa que nos valorize, que nos dê oportunidade de aprender, crescer e contribuir e que, acima de tudo, reconheça a nossa atuação e os resultados conquistados.

A nova geração de profissionais quer mais das organizações do que as gerações passadas. Uma pessoa com 50 anos hoje pensa, deseja e age diferente de uma pessoa que tinha essa mesma idade há vinte anos. Logo, a empresa que construir um ambiente saudável, que permita às pessoas serem elas mesmas e colocarem o seu melhor em jogo, certamente não terá conflitos.

Ouço dizer inúmeras vezes que a geração Y é menos comprometida com as empresas e mais focada em suas carreiras, que não respeitam a hierarquia e que não valorizam as oportunidades oferecidas. Concordo que muitos profissionais sejam assim, mas não apenas as gerações mais jovens. A geração Y é tão descontente com as empresas quanto a X ou qualquer outra geração. A questão é que as pessoas com mais idade, naturalmente, assumiram mais responsabilidades na vida – pagam aluguel, têm filhos, sustentam uma família – logo, não podem perder o emprego.

As gerações são diferentes, mas não em seus anseios, mas em suas competências, no seu modo de ser e agir. Você, líder de uma geração mais jovem, deseja a mesma coisa que eles. A questão é que a vida lhe trouxe maturidade, experiência, conhecimento, virtudes que lhe permitem agir com maior ponderação e assertividade. E hoje, na liderança, você se depara com profissionais que desejam chegar ao seu patamar, mas que possuem, é claro, um tempo de vida que não lhes permitem enxergar o que você (hoje) enxerga.

Portanto, uma pergunta fundamental é: Onde está o conflito de gerações? O conflito está na liderança, na maneira como eu compreendo as inevitáveis diferenças e ajo diante delas. O conflito é minimizado quando você investe em duas ações cruciais na organização: na educação das pessoas, como vimos na seção "A geração que pode transformar as empresas (e o Brasil)!", e na evolução da sua gestão.

Invista na evolução da sua gestão

O modelo de gestão da empresa e a maneira como a liderança dissemina essa cultura são os maiores causadores dos conflitos internos, principalmente nas organizações que operam por processos rígidos e que possuem uma hierarquia engessada, o que desmotiva uma geração (independentemente da idade) que deseja liberdade de atuação e participação.

As empresas precisam se reinventar e quebrar os padrões hierárquicos que inibem uma participação ativa e engajada.

As pequenas e médias empresas saem na frente nesse quesito devido à sua estrutura enxuta e conseguem oferecer uma participação mais efetiva e colaborativa, pois a facilidade de administrar os processos e decisões permite aos profissionais envolverem-se em diversas áreas e setores da organização, podendo, inclusive, ser ouvidos nas decisões.

O grande choque é cultural, pois a liderança e, como consequência, as organizações não evoluíram na velocidade que o mundo corporativo e as novas gerações têm exigido.

Por fim, esteja perto do seu time. A distância aumenta o conflito e afasta qualquer possibilidade de alinhamento de pensamento e valores. Faça valer a sua experiência e conquiste as pessoas. Você, líder, seja um coach para a sua equipe. Transmita experiências e extraia o melhor de cada um, permitindo a eles participar, contribuir e crescer.

O sonho de toda empresa é conquistar um time que se comprometa com os objetivos e seja focado em resultados, ao mesmo tempo em que haja confiança mútua entre os membros da equipe e um grande senso de união e respeito – características presentes nos chamados times de alta performance.

O sonho de todo líder é fazer com que as pessoas se evolvam plenamente e atuem com excelência, proporcionando um crescimento constante nos resultados da empresa.

Nas minhas andanças pelo país, durante a minha vivência como executivo, quando liderava equipes e desenvolvia pessoas, e atualmente na minha carreira como empresário e consultor, um fator a cada dia se mostra mais claro – a comunicação é o único elemento que pode tornar real o sonho das empresas e líderes de qualquer área e segmento empresarial.

Tenho esta certeza, pois quanto mais investigo os problemas organizacionais, mais percebo processos de comunicação ineficientes e imaturos que prejudicam o planejamento, os procedimentos, as vendas, os relacionamentos, enfim, toda a empresa.

Assim, gostaria de relacionar alguns problemas organizacionais ligados à comunicação, conforme veremos a seguir.

1. Imaturidade para fornecer e receber feedback

É muito comum encontrarmos profissionais que não conseguem, por imaturidade, fornecer feedback de qualidade aos colegas de trabalho. Digo imaturidade, pois muitos profissionais fogem desse momento por receio de ofender os colegas e, assim, desmotivá-los ou criar alguma situação desconfortável. Esse receio é frequente, pois muitas vezes os profissionais são amigos e isso pode prejudicar o relacionamento. Da mesma forma, isso ocorre quando o feedback é dos liderados para o líder. Primeiro, é muito difícil um líder aceitar um feedback dos seus colaboradores, automaticamente os liderados não o fazem por medo de represálias e as deficiências continuam a prejudicar a empresa. Sem contar que isso se estende aos pares de trabalho quando o gerente de uma área quer corrigir determinada ação de outra área. É muito comum que um líder se ofenda quando recebe um feedback negativo sobre o trabalho de um de seus colaboradores, pois isso conota que não está cuidando dos seus liderados. E o que isso acarreta? Simples, cada um cuida do seu e ninguém se intromete na área de ninguém. Logo, os problemas continuarão crescendo.

Solução:

É preciso que o líder e seus colaboradores adquiram maturidade para compreender que existe algo maior do que o próprio ego e encarar o feedback como uma proposta de crescimento e mudança. Todos estão ali para atingir uma única missão: fazer a empresa prosperar. Quando coloco o meu ego acima desta proposta, o resultado é simples: teremos um agrupamento de pessoas que só produzem um resultado – a estagnação.

2. Falta de comunicação

Uma equipe estratégica não é somente aquela que possui planejamento, mas a que discute as estratégias e constantemente realiza um processo de autoavaliação do seu posicionamento como time.

Solução:
Converse, converse e converse!

Conversas que todo líder deve ter com o seu time

> O que você espera do seu time?
> O que você espera da sua atuação como líder?

Muitos líderes não constroem uma equipe sinérgica, pois não sabem e logo não deixam claro para as pessoas o que esperam delas e quais comportamentos são fundamentais para conquistar resultados. Da mesma forma, não definem o seu perfil ideal de liderança para apoiar o seu time rumo aos resultados esperados pela organização.

Essas perguntas o ajudarão a construir um planejamento para o desenvolvimento de sua equipe e do seu próprio perfil de liderança.

Portanto, utilize esse momento para refletir: O que verdadeiramente espero do meu time? O que verdadeiramente espero da minha liderança?

Criar uma equipe estratégica

1. Quais resultados tangíveis você espera da sua equipe?

   _____
   _____
   _____

2. Qual é o legado pelo qual você deseja que a sua equipe seja lembrada?

   _____
   _____
   _____

3. Quais valores são fundamentais para garantir os resultados?

   _____
   _____
   _____

4. Qual sua definição para "equipe de sucesso"?

   _____
   _____
   _____

5. Identifique as principais qualidades que você considera fundamentais para um líder?

   _____
   _____
   _____

6. Quais são os seus pontos fortes como membro de uma equipe?

7. Como você contribui com esses pontos fortes na equipe?

8. Quais são seus pontos a serem melhorados como membro de uma equipe?

9. Como você tentou minimizar esses pontos?

10. O que você considera ser a maior dificuldade para a eficácia de sua equipe?

Criar uma equipe estratégica

11. O que você ou sua equipe podem fazer para minimizar isto?

_____

_____

_____

_____

12. Quais são os pontos fortes da sua equipe?

_____

_____

_____

Importante: Não fique com as respostas apenas para você. Compartilhe com a sua equipe e alinhe o verdadeiro norte de atuação de vocês. São as perguntas simples e poderosas que renderão uma discussão muito rica com a sua equipe. Acredite, vale a pena!

16.

Promova o altruísmo

Já perdi a conta de quantas vezes ouvi: "O problema desse profissional é o ego!" ou "O que destrói essa equipe é o ego!" As afirmações são compreensíveis, mas é preciso analisar o que realmente estamos querendo dizer com essa frase para que possamos atuar na essência do problema.

O ego é formado por aquilo que queremos *versus* o nosso senso de realidade *versus* os valores pelos quais norteamos a nossa existência. É determinado pela ordem de prioridade que os elementos ocupam em cada pessoa. Há quem priorize seus desejos em detrimento da realidade e valores morais; no entanto, existem pessoas que se preocupam muito mais com a realidade, pondo a razão em jogo em vez de se render a prazeres imediatos; já algumas pessoas utilizam um filtro chamado moral para validar a integridade dos seus desejos.

Promova o altruísmo

Independentemente da prioridade de cada um, o ego é o verdadeiro representante do seu "eu", pois leva em consideração aquilo que realmente importa para uma pessoa e que baliza a maneira como nos comportamos. É impossível viver sem atender ao nosso ego. Negar seu ego é negar sua existência! Portanto, o ego não é o vilão da história, pois sem ele não haveria sentido criarmos, realizarmos, inovarmos, enfim, a humanidade não teria evoluído sem real sentido de cada um.

Então, onde está o problema?

O problema está na tentativa desenfreada de atender o ego a qualquer custo, também conhecido como egoísmo. Uma pessoa egoísta tem o hábito de colocar seus interesses, opiniões, desejos, necessidades em primeiro lugar, não se importando com o ambiente à sua volta. Uma pessoa egoísta – e todos são em maior ou menor medida – sofre porque as outras não correspondem à sua expectativa.

Vamos analisar uma situação: Juliana deseja assumir a diretoria da empresa e sente-se preparada para isso. No entanto, por questões estratégicas, a empresa decide trazer um executivo de fora. É fato que a contratação foi a melhor decisão para a empresa. Diante disso, Juliana pode adotar diferentes comportamentos:

- **Comportamento egoísta destrutivo:** Não consegue desejar que o novo diretor tenha êxito e irá boicotá-lo.
- **Comportamento egoísta defensivo:** Não tentará prejudicar o novo diretor, mas o seu desempenho será prejudicado, pois o fator motivação foi abalado.
- **Comportamento egoísta fugitivo:** Não consegue conviver com a situação e desistirá da empresa.
- **Comportamento altruísta:** Por saber que isso é o melhor para a empresa, adotará uma postura colaborativa.

É fato que encontrar uma pessoa com um comportamento altruísta nas empresas não é uma tarefa fácil, pois no mundo dos negócios dá-se muito mais valor à competição do que à colaboração. Uma pessoa somente terá um comportamento altruísta dentro de uma organização se o ambiente permitir que isso aconteça, caso contrário, o egoísmo, independentemente da sua forma, prevalecerá.

As empresas não podem permitir que a competição destrua as equipes. As pessoas devem ser estimuladas a ter mais consciência do outro, a colaborar mais, a compartilhar informações em prol de um propósito maior. Porém, uma pessoa não pode ser crucificada por ter um comportamento egoísta, afinal, todos já nos comportamos assim em algum momento da vida, seja no trabalho, no relacionamento, no trânsito, enfim, todos já colocamos os nossos interesses em primeiro lugar. O problema é quando o egoísmo não é apenas um comportamento momentâneo, mas faz parte da identidade da pessoa, fazendo-a ignorar tudo e todos em prol do seu ego.

Uma pessoa intrinsecamente egoísta é regida por valores como poder, *status*, independência, ambição. Não que esses valores devam ser extintos da sociedade, mas devem ser acompanhados de outros valores como compaixão, solidariedade, colaboração, respeito.

Muitas vezes devemos ser egoístas, saber dizer não, colocar os nossos interesses em primeiro lugar, pois viver abdicando do nosso ego não nos trará felicidade. Isso é assertividade!

Portanto a regra é simples e já conhecida de todos nós: equilíbrio. Saber a hora de ser altruísta e saber a hora de ser egoísta. Da mesma forma, as empresas precisam compreender que um profissional será altruísta quando a empresa fizer por merecer. Se o profissional adotar um comportamento altruísta e não for valorizado por isso, esqueça, da próxima vez, o comportamento egoísta será inevitável.

Promova o altruísmo

Independentemente da sua personalidade, gostaria de lhe dar apenas três dicas para que a sua trajetória seja mais suave:

1. Adote um comportamento altruísta, mesmo que seja difícil, e as pessoas se aproximarão de você.
2. Seja egoísta quando preciso, mas deixe claro para as pessoas o motivo.
3. Não deixe que a ansiedade destrua a sua capacidade de construir uma trajetória profissional íntegra.

Visão de resultados

Um profissional que compreende exatamente qual é o resultado que o seu trabalho deve entregar sabe onde e como deve focar seus esforços, tornando-se um profissional produtivo.

Sem visão de resultados, as pessoas não sabem ao certo onde aplicar as suas competências e, geralmente, medem a sua importância na empresa por meio da competição de quem se comporta melhor – "Eu chego cedo, ele tarde"; "Ele sempre sai no horário, eu sempre fico até mais tarde" Enfim, pautam sua atuação em fatores subjetivos, que, na maioria das vezes, não promovem resultados para a empresa.

Visão de resultados

O profissional tem de ter uma visão voltada para resultados e enxergar cada momento da sua atuação, seja indo para uma reunião, seja tomando uma decisão, seja montando uma estratégia de marketing, como algo que agregue valor para a empresa.

Grande parte dos líderes investe muito tempo discutindo processos com a sua equipe e não foca o seu tempo no que realmente importa: os resultados. Além disso, os líderes gastam muita energia controlando comportamentos – chegar no horário, sair no horário, conversas paralelas etc. – por um simples motivo: quem não sabe qual resultado cobrar, só consegue cobrar comportamento.

Quantas vezes você discute com a sua equipe sobre resultados? A resposta a essa pergunta é fundamental para identificarmos se sua equipe possui visão de resultados. Nós estamos acostumados a orientar as pessoas para o seu trabalho, para as suas atribuições, e poucas vezes falamos sobre o impacto disso para a empresa.

Muitos profissionais confundem o real propósito do seu trabalho. Existe uma grande diferença entre atribuições do cargo e resultados do seu trabalho. As atribuições do cargo são o que devemos fazer para produzir resultados, ou seja, um profissional não pode pensar que simplesmente porque ele chega no horário, sai no horário e faz tudo o que lhe é atribuído, ele será valorizado como um grande profissional.

Este é o papel do líder: fazer com que as pessoas convertam o que lhe é atribuído em resultados para a organização.

E como fazer isso?

Analisando o impacto do trabalho do colaborador no resultado final da empresa.

Resultados desejados pela empresa *versus* contribuição do colaborador nesse resultado

Algumas perguntas que o líder deve responder a seu time para desenvolver nas pessoas uma visão de resultados são as seguintes:

1. Qual é o resultado que o seu trabalho deve entregar? Como podemos medir os resultados?

   _____
   _____
   _____
   _____

2. Qual é o impacto desse resultado nos resultados desejados pela empresa?

   _____
   _____
   _____
   _____

3. O que você pode fazer para garantir que seu trabalho dê resultado?

   _____
   _____
   _____
   _____

Visão de resultados

4. Como você pode fazer para que o seu trabalho dê frutos por muito tempo, e não apenas resultados rápidos que não prosperam em longo prazo?

_____
_____
_____
_____

5. O que você pode fazer para não se perder nas distrações do dia a dia e se dedicar ao que tem de fazer?

_____
_____
_____

O impacto do líder nos resultados

No capítulo "Engajar pessoas para resultados", deixamos claro que as pessoas somente se engajarão para resultados se obtiverem alguma recompensa com isso, seja ela financeira ou emocional.

Portanto, quando falamos em resultados, devemos nos atentar a dois pontos:

Visão de resultado	Recompensa
A consciência do que verdadeiramente devo entregar.	A consciência do porquê vale a pena produzir resultados.

O líder que conseguir conscientizar a sua equipe sobre esses dois elementos estará muito perto de construir um time com foco em resultados. Porém somente a consciência não garante os resultados; é preciso atuar intensamente nos elementos que sustentam o foco da sua equipe:

1. **Sistematização de acompanhamento:** É imprescindível que o líder crie momentos e sistemas para acompanhar os resultados do time. As pessoas precisam saber a periodicidade desse acompanhamento, bem como o seu funcionamento.

2. **Faça da cobrança um momento natural:** As reuniões de apresentação de resultados não precisam ser traumáticas. É um momento fundamental para comprometer as pessoas que não deve ser encarado como punição, mas um momento de avaliar o que conquistamos e discutirmos estratégias para seguirmos em frente. Discuta em grupo as estratégias e deixe para discutir comportamentos individuais nos momentos de feedback.

3. **Feedback constante:** Falamos sobre feedback anteriormente, mas é fundamental enfatizar que o feedback também é utilizado para corrigir as ações em prol dos resultados.

4. **Comemore as pequenas vitórias:** Não podemos focar apenas no resultado final. É importante sermos felizes no caminho. Portanto, incentive, motive e vibre com cada etapa conquistada.

5. **Avalie resultado *versus* empenho:** Resultado é aquilo que entregamos e empenho é o esforço empregado para conquistar o resultado. Devemos avaliar os dois cenários:

Visão de resultados

Resultado e muito empenho	**Resultado e pouco empenho**
Estratégia e ação em sinergia Competência e engajamento	Experiência Competência, engajamento e maturidade
Alerta: mantenha o ciclo virtuoso – quanto mais eu me preparo, mais engajado estou; quanto mais engajado estou, mais quero me preparar.	**Alerta:** mantenha acesa a chama por desafios, pois, com o tempo, a falta de necessidade de se empenhar arduamente pode lançá-lo para a zona de conforto.
Pouco resultado e muito empenho	**Pouco resultado e pouco empenho**
Estratégia e ação desalinhadas Engajamento sem competência	Descomprometimento Descaso e incompetência
Alerta: treine constantemente, pois, com o tempo, a ineficácia dos resultados pode desmotivar o engajamento.	**Alerta:** interrompa o círculo vicioso ou interrompa a permanência do profissional na empresa, antes que contamine outras pessoas.

6. **Converse com as pessoas sobre estratégias e resultados:** A maioria dos líderes que conheci só precisava conversar mais com o seu time sobre aonde querem chegar e o que farão para chegar lá.

18.

Última lição para os líderes

Um líder não é reconhecido por aquilo que faz, mas, sim, pelos resultados que entrega, os resultados além dos números.

- Quem você é determinará a expectativa que terão em relação a você.
- O que você faz e como faz revelará quem realmente você é.
- O resultado que você entrega lhe conduzirá à recompensa.

Fórmula da liderança de resultados

EXPECTATIVA
(Qual é a expectativa que você gera?)
+
AÇÃO
(Como você participa das suas atribuições?)
+
RESULTADO
(O que você entrega?)
=
LEGADO DE LIDERANÇA

Entenda:

- Não gerar expectativa é covardia. Gerar expectativa além do que pode entregar é inconsequência.
- Não participar intensamente é comodismo ou incompetência.
- Não gerar e medir resultados é desperdiçar sua participação.

Bibliografia

Sociedade Brasileira de Coaching
Personal & Professional Coaching

Behavioral Coaching Institute
Leader & Executive Coaching; Master Coaching

Center for Advanced Coaching
90-Day Turn System (Sistema de transformação em 90 dias)

BALLESTERO-ALVAREZ, Maria Esmeralda. *Exercitando as múltiplas inteligências*. Campinas: Papirus.

BORGES, Dobson Ferreira. *Alma do negócio* – integrando gestão e espiritualidade.

BUCKINGHAM, Marcus. *Descubra seus pontos fortes*. Rio de Janeiro: Sextante.

GALLWEY, W. Timothy. *O jogo interior do tênis*. Texto Novo.

MATTEWMAN, Jim. *Os novos nômades globais*. Laselva Negócios, 2012.

PRATES, Alexandre. *A reinvenção do profissional*. Novo Século.

SELIGMAN, Marting E. P. *Felicidade autêntica*. Ponto de Leitura.

Contatos com o autor

www.alexandreprates.com.br
alexandre@alexandreprates.com.br

Contratação de palestras:
(11) 5083-9970
atendimento@insperiencia.com.br

Conheça as nossas mídias

www.twitter.com/integrare_edit
www.integrareeditora.com.br/blog
www.facebook.com/integrare
@integrareeditora

www.integrareeditora.com.br